雄乘　雄縣鄉土志

［明］王齊／編纂
［清］劉崇本／編修
張社列／校注

河北省社科基金重大招標項目：雄安新區三縣歷史文化挖掘與保護研究（HB19ZD11）

河北大學出版

XIONGSHENG

XIONGXIAN XIANGTU ZHI

出 版 人：朱文富
責任編輯：郝 健
裝幀設計：楊艷霞
責任校對：蔡文濤
責任印製：常 凱

圖書在版編目（CIP）數據

雄乘 ：雄縣鄉土志 /（明）王齊編纂 ；（清）劉崇本編修 ；張社列校注 . -- 保定 ：河北大學出版社，2022.12
ISBN 978-7-5666-2132-0

Ⅰ . ①雄… Ⅱ . ①王… ②劉… ③張… Ⅲ . ①雄縣－地方志 Ⅳ . ① K292.24

中國國家版本館 CIP 數據核字 (2023) 第 008712 號

出版發行：河北大學出版社
地址：河北省保定市七一東路 2666 號 郵編：071000
電話：0312-5073019 0312-5073029
郵箱：hbdxcbs818@163.com 網址：www.hbdxcbs.com
經 銷：全國新華書店
印 刷：保定市北方膠印有限公司
幅面尺寸：170 mm × 240 mm
印 張：13.75
字 數：217 千字
版 次：2022 年 12 月第 1 版
印 次：2022 年 12 月第 1 次印刷
書 號：ISBN 978-7-5666-2132-0
定 價：68.00 元

校注説明

《雄乘》是明王齊編纂的一部雄縣志書，也是雄縣歷史上的第一部方志。該志始撰於嘉靖十一年（1532），歷經三月，始粗成。分上下兩卷，設十綱，六十五目。

該志在雄縣方志史上影響極大，後來編修的幾部志書均吸收了該志的材料，如清康熙十年（1671）姚文燮編纂的《雄縣志》、光緒三十一年（1905）劉崇本編纂的《雄縣鄉土志》、民國十九年（1930）劉崇本編纂的《雄縣新志》等。儘管劉崇本編修《雄縣鄉土志》時稱《雄乘》已經亡佚，但其中許多資料與該志相同，可能劉崇本當時没有看到該志，但其資料間接轉抄於該志。

關於該志的作者王齊，《雄乘》中已經有記録：『［字］元修，號鏡堂。貫江西豐城人。河南新蔡籍舉人。宋内翰禹偁之後，嘉靖八年（1529）任。今任丘知縣。』《雄縣鄉土志・政績録》載：『字元修，新蔡舉人。宋内翰禹偁之裔。嘉靖八年任雄縣教諭，才高學博，工詩文，士之陶鎔多賴之。雄無縣志，齊乃托始，名曰《雄乘》。即學宫旁隙地建鏡堂，課暇以文酒會諸生，因自號「鏡堂」。「鏡堂嘉會」爲本境八景之一。祀名宦。』

從《雄乘》的記載推測，在該志即將完成之際，或修完不久，王齊即升任任丘知縣。《畿輔通志》卷二十八載：『雄縣學在縣治北。元時建於治東北夫子窪。明洪武八年（1375）知縣程九鼎改創於此。嘉靖中知縣王齊建鏡堂於明倫堂後。』是言王齊曾任雄縣知縣，這與王齊自己的説法和《雄縣鄉土志》所載相矛盾，疑《畿輔通志》有誤，或『知縣』二字當作『教諭』。另外，從《雄乘・人士・節婦》中的述評可知，王齊一歲時父親就故去了，靠寡母養育成人。二十歲時，母親去世。所以他感嘆『樹欲静而風不休，子欲養而親不待』。

鑒於《雄乘》在雄縣方志史上的地位及其對研究雄縣歷史、風俗的重要作用，故予以校注。

本次校注以明天一閣所藏嘉靖十二年（1533）的《雄乘》爲底本。根據後面所附的嘉靖丁酉王世臣所作的題識來看，這個本子是經過王齊等人的增補的，主要增補了《河疏》和一些詩文，實際印成當在嘉靖十六年（1537）之後。

《雄縣鄉土志》是劉崇本在光緒三十一年（1905）編修的一部雄縣方志。該志歷時半年，粗具規模。共有十五例目，相當於前志所説的綱。綱下没有明確的細目，多依年代排列。因此結構相對簡單，把許多以前志書的内容摻雜在一起，依年代，或先依類再依年代排列。

該志序中雖言没有參考王齊的《雄乘》，但許多内容與《雄乘》相同或相似，而其體例與《雄乘》大不相同，二志可説互爲表裏，可互相比較參閲。

關於作者劉崇本，歷史記載并不多。經過多方查找資料，獲得如下信息：字悟民。生於1871年，卒於1944年。雄縣孤莊頭村人。自幼聰穎，刻苦好學，於清光緒二十二年（1896）考中貢生，光緒二十八年（1902）中舉。新學興起後，畢業於直隸高等學堂和北洋法政學堂。他終生執教，不願爲官，民國初年參與創辦雄縣第一高等小學和本村初等小學。1917年受命考察日韓江浙教育，歷任熱河政法大學、河北大學、保定高等師範、保定第二師範、吉林大學教授，晚年回鄉治學。1937年抗戰全面爆發後，他多次拒絶日僞政府高官厚禄的誘惑，不顧身家性命，加入抗日同盟會，廣交愛國志士，支持抗日鬥争，且鼓勵其子劉儒存參加革命、加入中國共産黨。劉崇本非常熱心於地方志的編纂，除該志外，他還編纂民國十八年（1929）《雄縣新志》、民國二十三年（1934）《新城縣志》（十八卷），參與了《霸縣新志》等的編修工作。他精研經史、金石考據、文學，著有《孤莊詩録》《孤莊文録》《考察日韓江浙日記》等；藏明清兩朝珍善孤本和日文版本等書籍10萬餘卷，戰亂年代多有散佚。新中國成立後，其子儒存、儒在將餘書700餘册捐獻給北京圖書館。

此次校注以北京圖書館所藏《雄縣鄉土志》爲底本。校注體例大致與《雄乘》相同。

參加兩部方志校注工作的還有碩士生李東旭、劉嘉琪兩位同學，她們在此基礎上分别撰寫了碩士論文《〈雄縣鄉土志〉整理與研究》《嘉靖〈雄乘〉整理與研究》，雖然尚有不少可完善之處，但也有所發明。

此次校注文字以規範的繁體字爲基礎，對於古籍中常見的文字錯誤，如『巳』誤爲『己』、『戊』誤爲『戍』等徑直改；對於個别有礙於理解的通假字和避諱字加以説明；异體字直接采用標準字體，個别未識或可疑的异體加注説明；脱字、訛字均加以標注；對於較難理解的名物、詞語、典故，稍加注釋説明；原文中的小字注釋或説明，均用小號字排版，以示區别；凡王齊之議論、編者之按語均降兩字排印。由於校注者水準有限，難免存在錯誤或不當之處，懇請方家指正。

目録

雄乘

雄縣鄉土志

雄乘

叙《雄乘》

歲壬辰〔一〕冬，《雄乘》成。少溪子〔二〕適綰符〔三〕，來即服莅，核厥庶典，咸既厥心。即有闕者，稽于衆僉，曰：『諸苟完無已，惟邑史少溪子憫焉。』方圖厥成，惟成之艱，乃謀之鏡堂子。鏡堂子曰：『噫！吾業已爲之矣。惟力靡兢，靡兢弗勤，是故弗梓。』因啓視，犂然就緒。復相與訂正，品秩彬彬焉。蓋至是績既底矣。夫梓工也，史業也。惟業之修，于工何有？雄民雖甚貧，吾之俸亦可以贍，吾何靳〔四〕也夫！吾何靳也夫！鏡堂子爲王元修氏〔五〕，博物洽聞，天分高，擅史才。其爲乘也，核而精，質而正，嚴而有則，旨遠辭文而不詭于雅，是故可以永式矣。

嘉靖癸巳〔六〕夏六月，少溪謝九儀識

〔一〕歲壬辰，嘉靖十一年，即1532年。
〔二〕少溪子，謝九儀自稱。謝九儀，字君賜，號少溪，嘉靖十一年進士。清劉崇本《雄縣鄉土志・政績録》有傳，見下文。
〔三〕綰符，猶持節。符，指朝廷傳達命令或徵調兵將用的憑證。
〔四〕靳，吝惜。
〔五〕王元修氏，王齊字元修。
〔六〕嘉靖癸巳，嘉靖十二年。

自叙

鏡堂王齊曰：雄舊弗乘，予謫雄之三年，以太守北泉閻公[一]命始乘之。乘疆域，以正封也；乘山河，以明績也；乘風土，以經俗也；乘田賦，以恤隱也；乘建置，以序位也；乘禮制，以昭度也；乘官師，以鑒治也；乘人士，以章獻也；乘選舉，以佑教也；乘祥异，以示畏也。三月乃既，予不才是懼，爰命諸子，襄相校勘。適少溪謝侯綰章莅政，遂筆削以傳焉。嗚呼！雄無其乘，猶無雄也。嘗聞前諭魏公綸、前令馬公紀欲乘弗果，今果乘者，北泉、少溪之功也，予奚有焉？叙厥始終，以徵歲月。若夫删繁剔穢、補闕正訛，更有望于大方諸君子云。

[一] 閻公，指閻溥，興平人，嘉靖間曾任保定知府。《陝西通志》載：『溥，字允周。興平人。嘉靖癸未（1523）進士，授刑部主事。時光禄崔卿子殺人，其子故宰相甥，曲爲請。溥謝曰：「僕與相公均有官，守朝廷法。顧爲相公屈耶！」竟論如律。出守保定路，當四衝，兵衛雜揉，豪右戚畹，武斷漁獵。溥一切持以法，毋敢肆者。癸巳（1533），大同構變，朝命勘撫，溥揚威布澤，反側向化，晋副浙臺。以爲郡時與臺使抗禮，捃摭舊事，論罷，遂不復仕。』

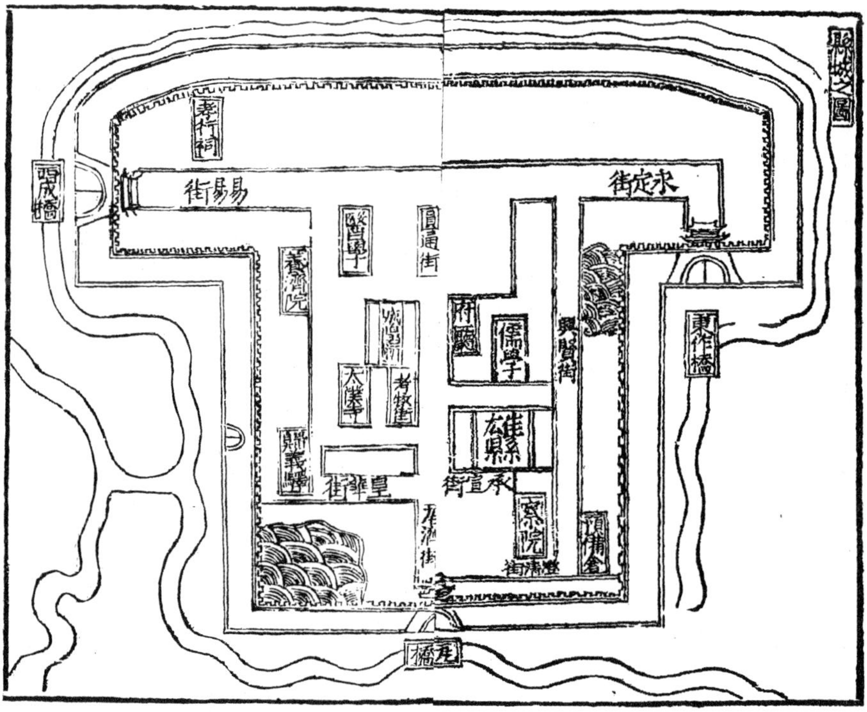

縣城之圖

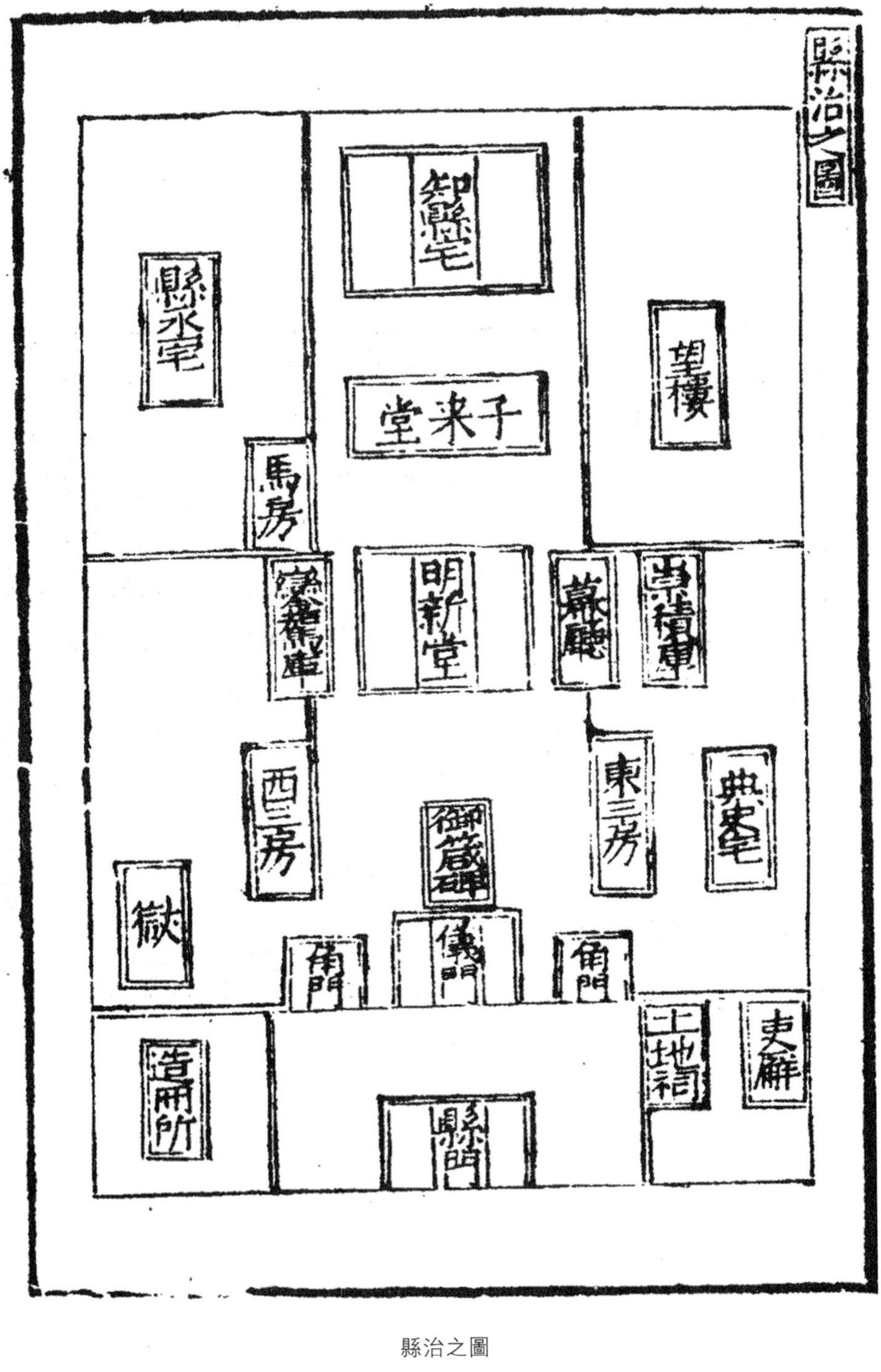
縣治之圖
知縣宅
縣丞宅
子来堂
望樓
馬房
架閣庫
明新堂
幕廳
崇積庫
西三房
御箴碑
東三房
典史宅
獄
角門
儀門
角門
造冊所
縣門
土地祠
吏廨

縣治之圖

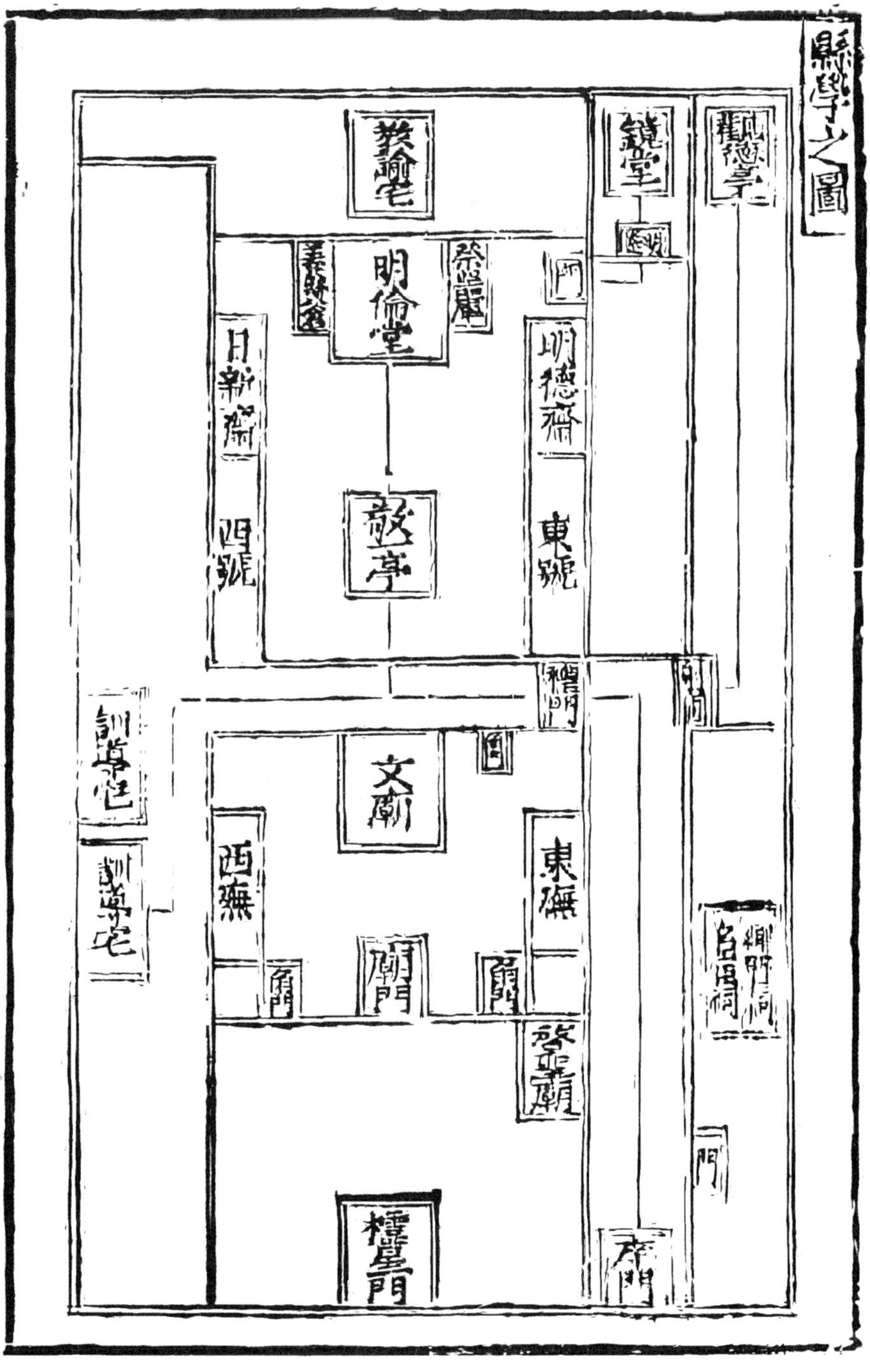
縣學之圖
觀德亭
教諭宅
養賢倉
明倫堂
祭器庫
門
日新齋
明德齋
敬亭
西號
東號
禮門
訓導宅
文廟
西廡
東廡
名宦祠
鄉賢祠
啓聖祠
門
櫺星門

縣學之圖

上卷

疆域第一

《乘》曰：於赫邦畿，厥惟幽冀。顧茲雄地，昔儼崇闗。趙北燕南，出夷入夏。宰割分制，因革變遷。載籍孔昭，古今可述[一]。

【沿革】

今雄，直隸保定府之屬縣也。在昔，神農氏王天下，始有地里。黄帝受命，畫野分州，都於涿鹿今涿州。雄在涿之南。唐[二]堯繼帝嚳而興，還屬冀州，如顓帝之所建。虞舜受禪，析冀爲幽、并，雄爲幽州南境。夏殷如唐。周興，復分冀爲幽、并，屬并州《職方》曰：『其浸淶、易。』武王仰觀俯察，其分爲燕，以封召公奭，又爲燕地。歷春秋戰國，燕王喜十

[一] 古今可述，原文後有『乘疆域』三字，今删。其他各門均有『乘××』三字，皆删，下不復注。
[二] 唐，原文此類文字均加圓括號，或爲陰文，今皆改爲加粗字，以示區别。

二年，趙拔我武遂今安肅、方城今固安，遂入於趙。秦滅六國，置天下爲四十郡，雄屬上谷。楚漢間，項羽封臧荼王燕，都薊，是雄皆其地也。漢高帝十二年，伐燕，克之，封盧綰爲燕王。改上谷爲燕國，分置涿郡，肇建易縣，以屬于涿，今西北古縣是也。文帝元年，改屬河間國。武帝置幽州刺史部，并隸於幽。景帝封綰孫降王盧它爲亞谷侯。亞谷在城之東。東漢獻帝時公孫瓚遷今治，號『易京』。與武遂黑山賊連結爲亂，袁紹討平之，遂復於漢，昭烈在蜀。魏因有之。晉改爲易城縣，永康後陷于石趙，據於慕容燕，奪於苻〔一〕秦，復於晉，歸於元魏〔二〕。至高齊，省入鄚州。自漢歷北朝，咸屬幽州郡，不改。隋開皇三年，廢郡爲州，又屬于涿。大業三年，改州爲郡，遂屬河間。唐武德元年，改郡爲州，始升縣爲北義州，隸幽州總管府後七年，改總管爲都督府。貞觀六年，并省州郡，置十道，州廢。八年，復置歸義縣，屬河北道，仍隸幽州都督府。天寶十四載，陷于禄山。至德間，肅宗收復。五代初，建瓦橋關，今南關也。石晋割幽燕十六州賂遼，資兵伐唐，雄没於遼。遼升幽州爲南京。又更爲析津府。周世宗顯德六年，收復瀛、鄚，遂廢鄚，置雄州雄之名始此，并縣，以容城、新城來屬，仍於瓦橋戍重兵，與霸州益津關、瀛州高陽關相犄角，以控扼幽薊。宋太平興國六年，以雄州新鎮復置平戎軍，改縣爲歸信。至道三年，分天下州軍爲十五路，遂屬河北路，數爲遼來侵。景德間，與定和議於狄夏頭，以白溝爲界河。政和三年，賜州爲易易郡，置廣信軍。宣和間，遣使約金人夾攻遼。遼亡，復其地，改析津爲燕山府。靖康以後，燕、冀北路皆没於金。金改易易爲永定軍，隸燕京即燕山府。元至元二年，軍關俱廢。二十一年，復建雄州，隸大都路總管府。明年，改大都爲燕寧府。又明年，隸順天路。又隸保定路。國朝洪武初，改州爲縣，改路爲府，因屬之。又設雲川衛，永樂間遷於白楊口。今縣編户，社十有二，屯七。

〔一〕苻，原文訛作『符』字，今據改。
〔二〕元魏，即北魏。

【社屯】

人和社居民在城河西，在關東趙；義和郝家，西樓，莊頭，李郎，留通，東侯留，小崔，東槐，西槐，常家，西侯留；利人葛村，昝村，南楊，大河，楊定，羅河，沙窩，北楊，孫村，東李，西李；太平王克，古縣，淶河，李村，馬家，先王，朱哥，趙村，西留，大謝，西楊，韓家，王槐，東楊，小謝；進福孤莊，神堂，東趙，何哥，趙哥，邢哥；慶豐莊頭，開口，董家，大姑，劉家，張哥，馬務，郭哥；豐樂亞谷，郝家，小王，古縣，大陰，安哥，邢村，龍灣，崔村，胡哥，道務，狄夏，洪城；衆安下村，王村，狄家，小葛，大葛；進賢洪城，魚鱗，大葛，史哥，秦哥，韓哥，張家，王東，烹耳，楊哥；賓興龍華，石橋，小務，留鎮，彩家；福順史哥，秦哥，齊川觀，南李，北李；安寧小姑，王路，上村，留村。

民歌屯居民永通，北關；保寧淶河；禮義任家，陳家；定安李郎；輯睦西留，四角河；致福郝家，王家；殷富常家，北關。

王齊曰：社爲土民，屯爲遷民。遷民皆永樂間遷南人填實京師者，遂以雲川貽地給之。今生齒衆而地不加一，遇水旱死徙多矣。雖以七屯出三社之役，猶爲不給。請并入，以補土民之闕，何如？

【封土】

縣在京師之西南二百有六十里，保定府之東一百有二十里。其東爲霸州之保定縣〔一〕，東南則文安，南爲河間之任丘，西南則安州之高陽，其西爲新安，西北則容城，其北爲新城，東北則霸州。廣九十里，袤四十里。

東至保定之柏木橋四十里，到保定則六十里。西至新安之大楊村二十里，到新安則四十里。南至任丘之易陽橋十有二里，到任丘則七十里。北至容城之王祥鋪二十里，到新城則六十里。

〔一〕 保定縣，縣治在今文安縣新鎮鎮。

西北到容城四十里，以羅河爲界。東北到霸州六十里，以趙哥莊爲界。東南到文安九十里，以烹耳灣爲界。西南到高陽九十里，以四角河頭〔一〕爲界。

王齊曰：雄以裁減小縣界於新城、任丘巨邑間，且路當要衝北有容城十里，邇者送迎不視界石而惟中道是代，民有不均之嘆矣。

【分野】

雄疑在箕尾之間，次析木寅位，麗北斗樞星、中台下星。占候主五車、天嶽星先儒謂衛水南爲趙分，北爲燕分，分在箕尾之次。《考索》〔二〕云：「上谷入尾七度。」《晉書》：「自尾十度至南斗十三〔三〕度爲析木，於辰在寅。」雄屬冀州，寅位。《史記·天官書》：「二十八宿主十二州〔四〕，斗柄兼之，各有所屬。」雄屬斗之樞星。《宋史》：「中台下星主冀。」五車星在畢宿北，主五穀豐耗。東北一星曰天嶽，主燕趙分是也。

【形勝】

右跨白溝，前臨易水《郡志》〔五〕。收復三關，控扼燕薊《輿地》。山川秀拔，雄鎮千里應劭〔六〕《地理〔七〕》。雄冠中州，星分

〔一〕四角河頭，此四字原文爲墨丁，今據康熙十年（1671）姚文燮《雄縣志》補。

〔二〕《考索》，指宋章如愚撰《群書考索》。

〔三〕三，今《晉書》作「一」字。

〔四〕州，原文闕此字，今據補。《史記·天官書》作「二十八舍主十二州，斗秉兼之」。

〔五〕《郡志》，指明弘治《保定郡志》。

〔六〕劭，原文訛作「邵」字，今正。

〔七〕理，原文作「里」字，今正。《地理》指《地理風俗記》。

箕尾劉因〔一〕。角峙雙雄，帶環諸水。近則京師之咽喉，遠則東南之門户今《乘》：『正德間，流賊不敢犯，以可入不可出也。』

【街】

十有五：在永定門内曰永定東，瓦濟門内曰瓦濟南，易易門内曰易易西，縣前曰承宣西通驛，倉前曰澄清西通察院，學東曰興賢北通永定，太僕行臺之東曰考牧，驛前曰皇華，圓通閣之東曰圓通北通永定，南關曰瓦橋，橋之東北曰木廠，西北曰灰窩，東南曰東關，西關曰永通以橋名，北店曰北關。

【坊】

二十：曰儒林，在學之右；泮宫，在學之左闕；考牧，在太僕行臺之左；在瓦濟者，曰飛騰，曰進士，曰大司馬三，爲侯瓚，曰金榜傳芳，曰大司徒二，爲侯觀，曰蟾宫接武，曰及弟二，爲侯泰，曰豸史，曰都憲二，爲袁宗儒，曰進士爲何思，曰文奎爲鄧亨，曰步雲爲鄭襄，曰秀拔爲張濟，曰光裕爲董時，曰貞節爲李氏；在瓦橋者，曰登崇爲仲閔，曰貞節爲胡氏。

【店】

六：縣南十里郝家有鋪，有舟，有蓮、葦、魚、鰕；西三十里曰王路；北一十五里曰淶河店分南北；東北二十里曰東趙；東南五十里曰下村，八十里曰留鎮。

〔一〕因，原文訛作『駰』字，今正。

【市】

九：瓦濟南遇三日市，北八日市。易昜六日市、瓦橋一日市，橋上常市。北關五日市。永通十日市。淶河四日、九日市。東趙二日、七日市。下村四日、九日市。留鎮五日市。

【村】〔一〕

四十有七：縣之東二里曰亞谷，七里曰崔、曰小姑，十有五里曰大姑，四十里曰洪城；西三里曰西樓亦有東樓、中樓，十里曰李郎、曰小王，十有五里曰留通、曰平王、曰昝，二十有五里曰大河、曰羅河俱以河得名、曰北楊楊有東、西、南、北，以其姓也。下放〔二〕此，三十里曰劉、曰李李分東、西；北二里曰西侯留，十里曰王克，二十里曰西留，二十有五里曰大謝、曰西楊、曰王槐，三十里曰東楊、曰小謝；西北八里曰東槐，十里曰西槐、曰李、曰古縣，十有五里曰先王，十有八里曰趙，二十里曰郭、曰楊定、曰南楊，二十有五里曰孫、曰沙窩；東北二里曰東侯留，三里曰邢，三十里曰神堂亦有東、西、中之别；東南五里曰大陰，二十里曰道務，四十里曰龍華、曰上，七十里曰石橋，七十有五里曰王東，八十里曰齊觀、曰小務，九十里曰李亦分南、北。

【莊】

二十有五：縣之東三里曰安哥哥者，諺語稱兄，乃古人忠厚之辭，二十五里曰張哥、曰郭哥，三十里曰史哥；北三里曰賈家，十有五里曰馬家，十有八里曰田家，十有九里曰朱家、曰高，三十里曰韓家；東北二十里曰胡哥，二十五里曰何哥

〔一〕村，此類目録作『村類』，是以下莊、臺、灣、頭、口、務、營均屬村類。

〔二〕放，猶『仿』，仿效也。

亦分東、西，三十里曰趙哥、曰邢哥，四十五里曰劉家；東南五十里曰大葛、曰狄家，五十六里曰小葛，六十里曰秦哥，六十二里曰韓哥，六十三里曰張家，八十五里曰楊家；西南五里曰常家、曰董家。

【臺】

三：縣之北十有二里曰任家，十有三里曰陳家；東北二十里曰王家訛爲望駕。

【灣】

二：縣之東南十里曰龍，八十里曰烹耳〔一〕一作蓬耳。

【頭】

五：縣之東十有五里曰狄夏，三十里曰馬務；西三里曰莊；東北十五里曰孤莊；西南十有五里曰四角河。

【口】

四：縣之東三十五里曰魚鱗以多魚故也，或曰民居之密如鱗，東北三十五里曰開，東南五十里曰王村有渡、曰清門。

【務】

一：縣之東南九十里曰蔡家。

〔一〕烹耳，今文安縣彭耳灣村。

王齊曰：雄之村落庶矣，然地之在東南者獨遠且下，而九河之水歸焉。故東南之民十年九澇，在西北者亦時有白、盧二溝之患，此庶而不富也。司水衡者，可得不汲汲焉？

【營】

五：永清衛軍所居，故曰營。縣之北十里曰王黑，十有五里曰河；西二十里曰小崔、曰大崔；東北十有八里曰皮家。

王齊曰：我太祖建都南京，嘗設雲川衛于雄。太宗定鼎京師，雄固畿内地也。衛徙，民至今安之。若永清軍營之在雄者，遠於衛，不屬于縣，强悍負固，令不能約束，日得民之地，歲不供民之役，車馬服舍，漸甲於民，民就貧矣。有司者寧無處之！

山河第二

《乘》曰：翼翼雄關，世守北陲。扼津負險，舉莫與京。易水激秦，白溝敝宋。淫德易置，陵谷變遷。地利靡馮[一]，天險可恃。爰陳國紀，匪直壯觀。

【山】

二：西南二里曰大雄，一名望山。突出群表，屹然獨尊。特領燕山，如顧如望。左翼小雄，如呼如携。俯視諸河淀，若牛涔蝸角，帶束星羅。峰頂亦廣闊，可容數百武[二]。有亭有林木，宜晚照學諭魏綸詩：『鳥翻落照流舟綺，風送歸雲補翠屏。暝色遥連千里暗，長虹斜壓九河明。』東南一里曰小雄。前瞰瓦濟，後枕城阜。故傳多奇峰今圮、石罅。有甘泉，泉深不可測，可愈痼疾。其上有五龍宫，禱雨輒應。宫前有古柳，宜暑。多槐，多榆。宫右有庵，有道魏綸詩：『雄山日照藹晴烟，鬼剜雲根迸出泉。仙掌金盤嘗貯露，峰頭玉井欠栽蓮。』

【河】

二十：西北三十里曰白溝，晋劉崐守此以拒石勒。一名拒馬，即宋遼分界處。其源發淶山，經淶水縣，達於定興白澗，趨新城。今不東而南，至王克橋，一支東下，由王家臺入矛兒灣，抵天津；一支南下，至北關北分流入雄河，經侯留村東去今漲則通，涸則塞。惟由永通橋環西南與易水合者，渾濁，汹涌可畏，舟楫通焉元劉因詩：『薊門霜落水天愁，匹馬衝寒渡白

〔一〕馮：同『憑』。

〔二〕武，半步也。

溝。燕趙山河分上鎮，遼金風物异中州。』郝經詩：『易水南邊是白溝，北人爲界海東頭。石郎〔一〕作帝從珂〔二〕敗，便割燕雲十六州。』十里曰沙河，十有五里曰古乾河、曰淶河，二十五里曰羅河、曰大河皆淤。西南十里曰易水。其源出固安縣閻鄉西山，東歷安州，北受安肅之曹、之徐，下連清苑之石橋、之一畝泉，并蠡之滋、之沙、之鴉兒及唐之唐，匯八爲九，雄當其衝，南嚮穿蓮花淀，會高陽河，過易易橋，由龍灣抵天津入于海。其東嚮者，合白溝，泊西郭爲瓦濟《史記》：燕太子丹使荆軻刺秦王，送至易水，歌曰：『風蕭蕭兮易水寒，壯士一去兮不復還。』宋馮戴詩：『荆軻一去不復返，易水東流無盡期。』五里曰乾河，或曰運糧河今淤。十有五里曰四角。二十里曰高陽，自高陽來，由蓮花淀奔易易橋，入易東下。瓦濟門外者曰瓦濟，易水合白溝爲之，舊自大雄山下南繞以入。成化間，改衝西城，循濠而南，東會雄河，尋易水入天津。雄城之周曰雄河。《郡志》：派分易水圍繞城，入瓦濟東下國朝天順間淤塞五里，知縣王夢賢浚之，今淤。東南六十里曰清河。自任丘來，歷清口門，經矛兒灣入天津。二十五里曰玉帶自鄭州來，今淤。五里曰閘河人言楊延昭運糧河，尚有六郎樁。六郎，延昭行也。東北三十里曰渾河，源發盧溝，經新城東南，由何哥入天津。二十里曰運糧。東南四十里亦有之今淤。東三十五里曰三汊，以其會易水、白溝、清河之三，故名。東北三十有五里亦有之。西三里曰黄灣，爲易水支流。秋泛，則旁溢爲灾。

王齊曰：雄之河皆西北山水，實渾濁易淤，故多塞。今之通者，亦淺於往年矣。君子罔浚而小人方以曲防爲功，是誠築垣而居水也。果禹之治水乎？抑鯀〔三〕之治水乎？吾不得而知也。

【淀】二十有九。【港】二。【灣】六。【窊】五。【漕】一。【溪】一。【渡】二。【窩】一。

〔一〕石郎，指石敬瑭。
〔二〕從珂，指後唐末代皇帝李從珂。
〔三〕鯀，原文訛作『圭』字，音近而訛，今正。

東之淀：在安哥，曰張家、曰姚家各方十里、曰趙家方十里、曰馬山方三里；在大姑，曰蒼耳方三十里，多蒼耳，泛則漲，天涸則叵地；在小姑，曰緑鬚方五六里，草生如鬚；在馬務，曰馬阜亦名馬務，方三十里、曰白以不毛也、曰稻或生稻也，各方二三里。

西之淀：在西樓，曰李家有大李，有小李，各方四五里，港曰薛、曰軍，窊曰黄淀方十里，以取土築殿，故窊；在李郎，曰燒車方三十里，在雄爲少，新安爲多。昔人載灰遇雨而燒，故得名焉，渡曰婆婆口無舟；在小王，曰流通方二十里，近留通村；在平王，曰馬家方二里；在昝村，曰何家方四里；在李村，曰石臼方五里，與新安相半，其形如臼；在劉村，曰王家灣長一里。

西南之淀：在董家，曰董家方五里；在董家之南，曰蓮花方三十里，多蓮多鷺。魏綸詩：『芙蕖五月半開花，勾引騷人笑語譁。風定緑雲香縹緲，日高紅袖影横斜。』；在蓮花之西南，曰白洋方六十里，源猪龍河丘家道口，洏水所聚，患及安州、新安，而雄爲甚；在白洋之東，曰馬蹄灣去城八里。

南之淀：在郝家，曰窩羅方七八里，窊曰戴家方十里，漕曰王家各方十里，溪曰柳即堤傍水也。魏綸詩：『柳暗溪頭野氣清，緑蓑青笠覺身輕。一片溪雲依野鷺，數聲漁唱集啼鶯。』

東北之淀：在邢哥，曰白絲方十里；在神堂，曰張家方五六里；在開口，曰鉅鬚方五里、曰菱角多菱、曰李家、曰光以不毛也、曰菰蔣多菰，各方三里、曰小方六里，其灣曰大黄、曰小黄各方三里、曰東坡約二里、曰黿窩約半畝。

東南之淀：在龍灣，曰淺方三十里，旱則民田，潦則水鄉；在下村，曰蒲方十里，多蒲，窊曰天井方十里；在上村，曰張家方二十里，窊曰白家方三十里；在大葛，曰陳家方十里、曰鄭家方八里；在秦哥，曰五官方三十里，下連任丘、曰馬、曰柴河、曰塘各方七八里；在王村，曰青草方五里，渡曰王村有舟；在齊觀，曰吴安、曰長兒各方十四五里；在留鎮，曰花木，港曰矛兒灣方百餘里，上匯百川，下通直沽。水至則江海天成，水落則州渚星見。傍涯田叟時切望洋，而神機之嘗地在焉。

沈存中〔一〕曰：『瓦橋關北與遼人爲鄰，素無關河爲阻。往歲，六宅使何承矩守瓦橋，始議因陂澤之地，瀦水〔二〕爲塞〔三〕。欲自相視，恐其謀泄，日會僚佐，泛船置酒賞蓼花，作《蓼花游》數十篇，令座客屬和，畫以爲圖，傳至京師，人莫喻其意。自此始壅諸淀。慶曆中，内侍楊懷敏復踵爲之。至熙寧中，又開徐村、柳莊等濼。皆以徐、鮑、沙、唐等河，叫候、雞距、五眼等泉爲源〔四〕，東合滹沱、漳、淇〔五〕、易、淶〔六〕等水并大河。於是，自保州西北沉遠濼，東盡滄州泥沽〔七〕海口〔八〕，幾八百里，悉爲瀦潦，其闊處有及六七十里者，至今爲藩籬，而瀕淤至處悉變斥鹵爲美田。而魚蟹菰蒲之利，人亦賴之。或謂其歲失邊粟，非也。』出《夢溪筆談》。

王齊曰：予嘗登大雄山，引領西北，俯瞰東南。蒼烟碧野，隱隱漠漠，而墟井在下，遂舍屐命舟，溯白溝，窺易水，略清河渡，探天津之源，見諸林麓星分，渠淀棋布，各各子母相依，可灌可沃，可溝可田。細聽村父得魚換酒，兩兩醉語，籬落間道晴量雨，恐恐然惟秋水之下，有衆又魚鱉矣。呼而問焉，莫之所對。甚矣，民之惰也，上之怠于教也！宋之何承矩、金之馬諷〔九〕，非今之令乎？今之民非昔之民乎？故嘗擬疏五事，而亦未得聞也。民其終

〔一〕沈存中，沈括，字存中。

〔二〕瀦水，蓄水。

〔三〕塞，原文訛作『寨』字，今據《夢溪筆談》改。

〔四〕源，原文作『原』字，今據《夢溪筆談》改。

〔五〕淇，原文訛作『其』字，今據《夢溪筆談》改。

〔六〕淶，原文作『白』字，疑指白溝河，今據《夢溪筆談》改。

〔七〕泥沽，原文訛作『汎枯』二字，今據《夢溪筆談》改。

〔八〕口，原文脱此字，今據《夢溪筆談》補。

〔九〕馬諷，字良弼，金代潞陰縣（今通州）人。國初以燕與宋，諷游學汴梁，登宣和六年進士第。宗翰克汴京，諷歸朝，複登進士第，調蔚州廣靈丞，遷雄州歸信令。在雄任内，桑乾河（今永定河）支流八尺口河，每到夏秋之交雨多時節，河水猛漲溢出，冲淹民田，百姓受害。諷巡視河流之地勢高低，指導農民疏浚河道和溝渠排澇，以根除雨後水患。

魚鱉已乎？

補：王齊《修河疏》

臣惟天地位〔一〕而水爲脉絡，脉絡運而天地之功成。古者，洪水病民，神禹氏治之，功配天地。周人力溝洫，漢人開河渠，五穀豐登，萬民樂業，皆以水爲利，未聞其爲害也。今夫直隸地方，乃唐虞之冀州，幽燕之勝地。《禹貢》『至於大陸』『播爲九河』。大陸，今邢、趙、深州等地。九河，率在河間、滄州之境，皆禹之所嘗治者也。故其博大爽塏〔二〕、繩直砥平，歷代以來，素稱膏腴。唐宋而下，没於金元，灾异爲甚，無足怪也。

洪惟我朝太祖高皇帝汛掃胡元，廓清禹績。太宗文皇帝平一水土，定鼎北京。富庶之業，甲於天下，夫何自弘治以來，數遭水患，迄今未已？譬如人之脉絡失調，病而爲癰腫，爲瘡瘍，此特皮膚之患，使不及時砭藥以宣導之，坐待潰敗，未有不爲終身之累者也。今日之勢，何以异此？

臣嘗溯流窮源，知爲患之有二焉：一曰河，二曰淀。河本泄水也，今下流壅塞，故上溢而爲灾；淀本潴水也，今河流横逆，故旁出而莫救。夫河之在順天爲盧溝，真定爲滹沱，保定爲白溝，河間爲沙河；淀之在霸州爲高橋，雄縣爲白洋，任丘爲五官，武清爲三角。至於河間，又爲《禹貢》九河之故地，保定又爲今日九河之下稍，此其被灾最著之什一者也。

臣又按，四府之水之在《一統志》者數之，爲河八十有七，爲泉二十有五，爲水三十有一，與夫十渠、十有五井、十有一池，而溝、潭又各有七，大淀則又有九焉。至於溪、沽、港、泊、淵、窪、陂、灣，以及瑣屑難名、不登志者，俱謂小淀。或源於桑乾，或發於泰戲，或流自白坡，是皆本諸西山而來。每當大雨時行、秋水灌河之日，衆流東下，陸地行舟，萬頃田禾俱爲萍梗。是故三二年間，民皆薪蘆葦而飯魚鰕。因之爲濕疾，繼之以瘟疫，生意斬絶，莫此爲甚。臣以大分計之，順天則利害相半，真定利多而害少，保定利少而害多，至於河間則全受其害矣。

夫以畿輔重地，灾傷如此，荷蒙皇上體好生之德，推再造之恩，免租布賑，連年不已。是誠挽西江於既涸，沛時雨於既焚者矣。諺曰：『治灾如治病，急則治其標，緩則治其本。』今標已復矣，苟不急求其本以治之，其憂可勝言哉！臣備員地方，數求源委，訪諸輿論，參以管窺，得其説有五焉：一曰浚河道，二曰疏渠淀，三曰撤堤防，四曰興水利，五曰嚴考課。宋人之愚，至於眩石以爲寶。微臣一念，愛國之誠，不忍自默，謹具奏聞，用備采擇。

〔一〕位，使占據其應有的位置。《禮記·中庸》：『致中和，天地位焉，萬物育焉。』
〔二〕爽塏，高爽乾燥。

夫今之地，即古之地；古之河，即今之河。奈何古以爲利，而今反爲害耶？是菑沴〔一〕雖出諸天，而致之未必不由於人也。

臣看得直隸地方，其地平下，其土疏惡，其水渾濁，易於淤塞。在昔非不然也，有司隨在而浚之，故不爲灾。今也，致淤之道雖曰多端，姑以可見者言之。近年以來，并河州縣近水居民，一遇河發也，遂設壩爲漁，則水去而土存，因致沙淤也。遂私耕爲業，復下樁而逼水，積之久則河漸平，水漸逆，不惟不肯自浚，而反惡夫人之浚之也。鄉長不之報，有司不之問，習以爲常，坐成茲患。是皆貪小利以敗大謀，急近功而貽遠害者也。夫何异哉！

宋儒朱熹有曰：『禹之治水，只是從低處下手，下面之水盡殺，則上面之水漸平。』〔二〕臣因朱氏之言而求今日之水，皆自直沽以入海，是直沽乃衆水下流之通會也。爲今之計，請乞敕下該部議處，通行各該撫按衙門，會同委官帶領書筭、畫工人等，及置立工糧、地圖、空簿各一扇，先自直沽而上，遍歷州縣，沿河閱視，以大河爲宗，小河爲支，就其通塞之處，相其高下之宜，度其淺深之勢。擬某河通者幾處，某處若干里；某河塞者幾處，某處若干里；某處有壩之當起，某處有樁之當拔；某處掃城之當改，某處冲路之當避；某處將淤而近淺，某處新淤而未深；某處有水當蕩滌以去其沙，某處無水當疏掘以出其土。如水打南岸而淤北岸，則因水勢以浚南岸之土；如地淤西岸而浚東岸，則將淤地以補東岸之民。務使河身極其深廣，河岸極其高闊。高闊則中有所受，不至蝕嚙而與陸相犯；深廣則下有所納，不至束隘而視海如歸。每工仍計丈量該挑若干里，上下水勢各若干廣、若干深；估計合用做工人夫，該支口糧各若干；并查勘〔三〕以動支何項錢糧，大約該幾月日可完。計筭明白，填寫附簿，仍令畫工就於地圖簿上，按形草畫，有水者其色深，無水者其色淺，與夫支河衆淀亦要標寫明白。其有歲久地平漫無可考而水不得出者，仍查各處圖經、地志及年老知識，求其源委所在，務使官民兩便，必於疏通後已。若是，雖不能回滔天之勢，量可免陸沉之虞。河道既清，衆流得所抑，且西通舟楫之利，東資漕運之河，不惟有益於生民，而亦有補於國計矣。臣所謂浚河道者，此也。

夫河道既浚，足以泄水。至於衆淀，本皆起科〔四〕田地，顧乃匯若江湖。去冬之沮洳未乾，嗣歲之潢潦又至，漸淘漸下，反有深於今之河者矣。於此不疏，則其患固在也。合無於閱視河道之時，就將附近該修大小水淀一并踏勘，估計圖寫地勢之遠近、水勢之高下，以大淀爲主，小淀爲客，主居其中，客羅於外，咸作深溝以通之，築大道以夾之，俾小淀入於大淀，大淀入於河，而小淀之近河者亦聽其自入焉。又使溝遠而倍，足以容其水；水行而折，足以殺其勢。譬之鄉麗於縣，縣麗於州，州麗於府，界限分明，道里通達，而又犬牙相制，則自無不治者矣。仍因淀之多寡廣狹，就以附近居民設立大小淀，户百人以上爲大

〔一〕菑沴，猶言灾害。
〔二〕語出《大學衍義補》，明邱濬著。
〔三〕勘，原文訛作『堪』字，今據改。
〔四〕起科，按農田計畝徵收錢糧賦税。

淀，置立淀長、淀副各一人；五十人以上爲小淀，止立淀長一人。令其督率本淀之人，但遇雨過水泛之時，逐一巡視水口，兼修河道。一有淤塞，即便疏通。及凡設壩取魚、下樁淤地、抑沮水利之類，許赴所在官司呈告，治以重罪。若然，水長固盈科而進，水落亦隨坎而退，歸宿有地，出入有門，定不如今之齊頭水下而避有不及，坐窪水成而卒難消遣者矣。或曰引淀水作溝，以入河似矣，其間不無壞人田廬墳墓去處，爲之奈何？嗚呼！天下之事有緩急，勢有利害，但較其輕重多寡而已。賈讓〔一〕有言：『瀕河十郡置堤歲費萬萬，及其大決，所殘無數。如出數年治河之費，足以業所徙之民。大漢方制萬里外，豈與河争咫尺利哉！』臣亦謂自真定以東，直沽以西，每歲河水渰没不下數十萬頃，今日作溝之地，況在本淀之中，縱有所妨，而官爲之處，亦何難哉？臣所謂疏渠淀者，此也。

夫渠淀既疏，足以散水矣。其間有等勢豪百姓護短，有司不思天下之爲公，但知鄰國之爲壑，各於縣界下流緊要去處築爲長堤。水未至，則看守曲遏以圖收成之利；水既至，則盗掘泄放以享肥淤之田。甚至經官告理，竟莫誰何。間有通達縣官，欲爲撤去，則順天不行於保定，真定不屬於河間，徒廢文移，事皆掣肘，殊不思以官守視之，固各爲地方之民；以天下視之，則均爲朝廷之土，亦何苦利己損人如此哉！臣嘗考之，治水莫善於禹，莫不善於鯀。禹之治水，水之道也；鯀則反是，是謂方命〔二〕。故《禹貢》但有疏瀹决排之説，并無堤防壅塞之文。而張戎〔三〕謂以堤塞於平地，『猶築垣而居水』。蘇軾亦曰：『河流湍悍，雖亦其性，然非堤防激而作之，其勢不至於此。』〔四〕由是觀之，則斷斷乎當撤者矣。合無於修理渠淀之時，并視下流，除護城有堤、堤有水門，護路有堤、堤有橋梁不撤外，毋論遠年近日、彼界此疆，但有阻礙，就令治河夫役一并開通，務使利則共享，害亦均分。亦不許因而爲奸，或故决官道以擺渡，或盗决民田以復仇。如此，則國有常刑，亦難輕貸。若然，則勢有可行，而淀溝之水自無不利者矣。臣所謂撤堤防者，此也。

及考古之井田、溝洫、河渠與今江南塘堰之制，旱澇有備，甚利于民。臣以北方地理觀之，似亦無不可行者也。姑就雄縣而言，在宋，何承矩作守，首建屯田之議，嘗開塘泊種稻田，民賴其利；在金，馬諷爲令，每當秋水澇漲，溢害民田，亦嘗視地高下以疏通之，民患遂息。是水利在昔人固皆爲之矣，孰謂當今爲王畿之地，渠淀棋布，源流爪分，顧有不可爲耶！孟子曰：『爲下必因川澤。』若因淀以爲田，因水以爲利，蓋亦古人之遺意也。合無於渠淀既疏之後，就委能幹官員彷彿前項古今水利之制，以創修之，使主淀居中以瀦水，以淀長領之；客淀居外以爲田，以淀户領之。旱則引而灌諸田；澇則决而注諸河。至於五

〔一〕賈讓，西漢時期治理黄河的代表人物。其言載於《漢書·溝洫志》，文字略有出入。
〔二〕方命，難於應命。
〔三〕張戎，字仲功，西漢末長安人，曾任大司馬史。治水有功，對後世黄河治理具有重大意義。其語載《漢書·溝洫志》。
〔四〕語出蘇軾《禹之所以通水之法》，見《蘇文忠公全集》卷七。

溝五涂〔一〕深廣曲折之法，以及《周禮》『稻人』之所職者，又在臨時相勢以爲去取，有難以逆定者矣。水利既成之後，各該有司於秋夏水發之時，又爲巡省耕耘之舉，要見主淀有無收放，客淀有無種治，量行勸懲，以勵勤惰。若夫蘆葦魚蝦之利，則又聽民自取而莫之禁焉。若是，雖冀北鹹鹵之地，足追江南膏腴之田，民可使富也。臣聞『禮義生於富足』〔二〕，而藍田呂氏〔三〕之約、鄉田同井之風，亦庶乎其可興矣，尚何賦役之足憂、災傷之足懼乎？若夫行之既久，民田治而河流安，臣恐十年之後，主客之淀亦可漸淤而近平，小民又將開置而弗舍者矣。臣所謂興水利者，此也。

及查前項工程浩大，費用頗多，使非得人以因時制宜，相機行事，專任而責其成功，則作舍道傍〔四〕，甲是乙非，微以利害動之，鮮有不因循延玩者矣。候該部奏請命下之日，仍乞勑各該撫按官員查照工糧底簿、地里畫圖，逐一磨筭明白，選委各該有司精勤官員分投幹理。春自二月起工，至四月中止；秋自九月起工，至十月終止。嚴督完報，如有未盡事宜，悉聽從宜區處。中間如遇雨水事故妨誤，該地方委官即具由申報撫按衙門知會。其有捏報支調者，各府分理官查舉。該給口糧，衙門亦不許刁難遲誤。每春秋季終，各分理官將修過工程查勘明白，備册呈報撫按衙門查考，除有妨誤外，該修工程比與原擬不及者，遞加罰治；其全未者，請乞別議。若總理等官查無督催卷案及遲誤口糧致妨興舉者，巡按衙門亦行參究；其有留心地方依擬完報者，以禮犒勸。待候工完之日，各撫按衙門仍將各府州縣修過工程共若干、動過人夫共若干、支過口糧共若干、限期月日共若干，總類分撒，備造黄册并畫圖貼説各一本，徑自奏繳，仍造青册并畫圖申送該部查考。若疏浚之後，但遇水灾壅塞去處，仍令該地方有司官隨時疏浚。具由申報撫按衙門知會，待給由之日，亦憑黜陟。如此，則利害切身，人争自奮，各項勘議將不托之空言矣。臣所謂嚴考課者，此也。

抑臣所言，勞民動衆，功遠效遲，疑若迂闊而不切於事情者矣。然天下之事，不一勞者不永逸，不暫費者不永寧。況畿輔重地，灾傷已極，若不預爲經久之計而惟目前是圖，臣恐年年蠲租，歲歲發粟，錢糧有限而灾傷無窮，將日不暇給矣，是可不爲之長慮也哉！夫浚河道者，所以疏渠淀也；疏渠淀者，所以平水土也。水土平，則田野闢；田野闢，則稼穡治；稼穡治，則衣食足；衣食足，則民生遂、民性復矣。雖以之置常平之倉，以禦灾疫，猶之可也。尚何蠲租、發粟之汲汲耶？若夫撤堤防、興水利者，又皆助理河道、安養地方者也。孟子曰：『有行文王之政者，大國五年，小國七年，必爲政於天下矣。』臣亦曰：『信能行此五者，小則五年，大則十年，弘治以前所謂富庶之業，亦或可復見矣。尚何天意有不可回，地利有不可復，而灾傷之足患哉！』雖然浚河道、疏渠淀、

〔一〕涂，原文訛作『滁』字，或謂『滁』爲『涂』之异體，今據《周禮》改。《周禮·夏官·司險》：『設國之五溝五涂而樹立以爲阻固，皆有守禁而達其道路。』注謂『五溝，遂、溝、洫、澮、川也。五涂，徑、畛、涂、道、路也』。

〔二〕禮義生於富足，語出漢王符《潛夫論·愛日》，『禮義生於富足，盗竊起於貧窮』。

〔三〕呂氏，指呂大鈞，宋代人，編有《呂氏鄉約》。主要提出『德業相勵，過失相規，禮俗相交，患難相恤』四大章。

〔四〕作舍道傍，《後漢書·曹褒傳》：『作舍道邊，三年不成。』《詩·小雅·小旻》：『如彼築室於道謀，是用不潰於成。』

撤堤防、興水利四者，皆措之政者也；其嚴考課，則責諸人者也。而責人亦不可以不慎也。才不辦者，不足任；心不盡者，不足任；苟且順從者，不足任。否則，未有不溢滋其謬者矣。故曰『爲政在人』，此尤今日之急務也。仰惟皇上敬天勤民，法祖復古，躬事耕蚕以先天下。雖禹之盡力溝洫、文王之即康田功〔一〕，不是過也。

臣躬逢盛時，踴躍思奮，用效一得之愚，昧死陳言，仰煩天聽。如蒙垂念，畿輔重地關係天下安危，後事爲可慮也。量爲采擇，以拯民患，以開財源，爲國家億萬年無疆之業，幸甚，幸甚。

【古〔二〕迹】

殿一。道一。臺十。城十。關一。衛一。驛一。樓一。亭一。齋一。祠一。廟四。墓十有一。

皇殿，在縣西北十里，約三十餘畝。我太宗往來南京，駐蹕于此。垣井猶存。

御道，在大雄山之後。

古臺，五。在亞谷二、邢村二、田家莊一，俱無考。住駕臺，在東七里，高數丈世傳周世宗自方城返，駐蹕于此。狄夏臺，即狄夏頭宋景德間，與遼和議于此。流星臺，在西三里。凉馬臺，在西北三十里，高數丈，上容萬餘武《城冢記》：『燕魏分易水爲界，築三臺，登降耀武，且凉馬焉，故名。』城子臺，在東南八十里，外高中平，地勢特出。

古縣城，在西北十五里，故址猶存漢易縣也。易京城，即今城漢公孫瓚築。陳孚〔三〕詩：『晨出鄚州門，回首古易京。百樓不復見，草白寒雉鳴。鳴角角，黍纂纂，昔誰城此公孫瓚。城南城北陂水滿，寒蒲如劍出水短。大火焚〔四〕巢天不憂，野梟醉眠沙上煖。』亞谷城，即亞谷村。小姑城，即小姑村。大姑城，即大姑村。楊關城，在西二十里，故址猶存相傳楊延昭守三關時築。外羅城，今城之周十有八里，缺

〔一〕即康田功，語出《尚书·無逸》：『文王卑服，即康功田功。』康功，謂平易道路之事；田功，謂稼穡之事。
〔二〕古，目録作『故』字，此爲正也。
〔三〕陳孚，元代學者。詩題名爲《過雄州懷古》。
〔四〕焚，原文訛作『禁』字，今據改。

者如鋸，屹者如臺，伏者如盤，削者如峰；疏者水之嗌，平者民之田宋知州李允則築。廢義州城、雄州城、歸義縣城、歸信縣城，俱今之城。若夫縣治，則今之驛也陳孚詩：『燕南陲，趙北際。昔年巍城鐵可礪，城上烽火明如彗。只今殘堞黄雲噎，老榆半枯懸薜荔。市翁叱馬聲嘒嘒，叩以瓦橋潛出涕。英雄虎門空萬世，北風吹沙秋鶴唳。』

瓦橋關，即今之瓦橋今廢。

雲川衛，即今天寧寺。

小使驛見《茆齋自叙》〔一〕云：『抵雄州小使驛。』今失其處。

鐘樓，即瓦濟門城樓。

望山亭，在大雄山元皇統二年，徒單公建，後完顔公改爲均樂亭。鄉進士趙元卿《記》，見别集。魏綸《望山雲樹》詩：『天開九水爲池沼，地擁群峰作畫屏。』衆樂亭，在亞谷城内今户部侍郎袁宗儒建。

雪舫齋，在縣治内洪武間知縣周士瞻創。進士李繼本〔二〕《記》：『居山林則有登臨賦咏之趣，涉江湖則有飄泊放浪之懷。蓋志其志而不汩于塵壤之迫隘，適其適而不淆于世慮之糾紛。此古之曠逸之士出乎物而不物于物也。雄邑周侯構齋于公宇之偏，既成而落之，招予與其嘗〔三〕所往來者，宴集其中。一室瑩潔，其質猶雪然；四顧空明，其狀猶舟然。是日漏下二十刻，飲酒以樂，而天大雪，迥乎若放舟江之浦，而山川皓縞，天地渾淪，不知吾身之在人世間也。侯起而囑曰：「齋不可以不名。」于是以「雪舫」題其額。又起而囑曰：「齋不可以無記。」于是識歲月以書其概。是齋也，廣不逾尋丈，朴不事雕藻。壁以楮，不堊不丹；榻以木，不筦不簟。左有圖，右有史。藝蔬有囿，洗藥有池。豁然而疏，邃然而靚。雲容天影之洞涣，琴音書聲之流暢，神情道氣之融寫〔四〕，其爲樂也，則雖獵天山、奪蓬婆〔五〕，獻賦兔苑〔六〕而藻思横出，未足以狀其概也。然而山林之清寂，不若江湖之夷曠；浮游之險遠，不若幽居之閑適。而「雪

〔一〕《茆齋自叙》，宋代馬擴著。
〔二〕李繼本，即下文李延興。字繼本，元代詩人，有《一山文集》傳世，《雪舫齋記》見於其中。
〔三〕嘗，通『常』。
〔四〕寫，疑當作『泄』字。融泄，流動貌。
〔五〕蓬婆，山名。在今四川茂縣西南。杜甫《奉和嚴鄭公軍城早秋》：『已收滴博雲間戍，欲奪蓬婆雪外城。』
〔六〕兔苑，即兔園，園囿名，亦稱梁園。漢梁孝王劉武所築，在今河南商丘縣東。宋代詩人楊億《留别桐城主簿》有『早曾兔苑傳詞賦』之語。

舫」名齋，侯獨何取于是哉？蓋侯自宦游以來，跋涉山川，而江湖之氣，猋舉〔一〕乎迫隘之中，則其氣識之閎也；冰雪之質，蟬蜕乎塵埃之表，則其操行之高也；以歲寒之盟而托交於千古，則其友誼之篤也；以濟川之才而載道于無窮，則其文學之富、政事之偉也。吾知「雪舫」名齋，豈不爲後日之佳話哉！雖然雪之降也以天，舫之運也以人，而齋之不墜于風摧雨剥之餘，則又在天與人交相勝者也。非知道君子，烏足語是哉！嗚呼！太素，一雪也；太虚，一舟也。安得策汗漫而游無窮〔二〕，出乎萬物之外，叩至道于鴻蒙之初？則雪也，舫也，齋也，孰有而孰無，奚暇于致詰耶？侯徵予記，故書是語以志其志，而因以自適也。」

呂公祠，在郝家店，北有橋世傳呂仙觀蓮于此。陳孚詩：「山形夭矯蒼精劍，日氣曈曨紫磨丹。度盡世人人不識，午烟起處是邯鄲。」李延興詩：「策名文彩動蟾宫，飛上丹梯笑葛洪。劍影冷含雲氣濕，笛聲清繞月輪空。墨翻詩壁研磨外，神現松精侯謁中。幾擬欲詢仙歲月，芙蓉溪上又秋風。」

堯舜廟，在趙村元至正間建，今惟舜廟。都土地廟，在東侯留村元中統二年郭通建。正德間鄉大夫蘇琰重修。孟之縉〔三〕《記略》：「雄州城之東陲侯留里，有世所謂土地廟者，曩周世宗駕幸瓦橋，有臣迎謁道左。世宗問曰：『卿何人？』對曰：『臣侯留村土地。』上至，敢不趨侍扈蹕？」世宗即錫以冕服，仍敕縣長昌其廟貌。兵燼以來，暨我元中統，里之故老恐祀事不舉，復完其廟，并刻其梗概于石。仍賦《迎享送神》詩，俾民歌之。詩曰：「白雲兮英英，覯神之儀形兮止神庭。導霓旄兮易水上，神乘車兮來慰民望。秋風泠泠兮開翠微，蔬肴富兮有酒在罍。民修悃兮神貺是致，百穀充羡兮歲恒穰足。」」龍王廟，一在小雄山，一在神堂村神堂，相傳宋時有神木浮河直立，縣官祝而視之，中函龍骨，遂爲廟之梁。歷元至今，禱雨輒應。正德八年，人竊其骨而靈感日衰焉。

焦用墓，在城西三里。焦德裕墓，在用墓左有元學士徐世隆顯親碑。殷圭墓，在東南三十里有元中書省員外朱徽神道碑。董志墓，在東南三十里有元秘書監賀方神道碑。何德全墓，在東樓村有元勸農事王時可墓碣。劉觀墓，在西南三里易水之濱，有羅汝敬神道碑。仲閔墓，在西二里。侯瓚墓，在東北二里。侯觀墓，在瓚東南一里。李奎墓，在西北李村奎無所考。韃靼冢，在神堂

〔一〕猋舉，猶飛升。《觚賸·序賦創格》引明·陳鶴客《〈當泣草〉序》：「遠游誰去，猋舉何之？」

〔二〕策汗漫而游無窮，指進行久遠的世外游。策，本爲驅趕騾馬役畜的鞭棒，此引申爲駕馭。汗漫，本形容廣大而漫無邊際，此指渺茫不可知的事物，後附會爲仙人的名字。

〔三〕孟之縉，元人，抗元名將孟珙（1195—1246）之子，南宋滅亡後，元統治者忽必烈仰慕抗元將領孟珙的英名，特賜封他的次子孟之縉爲兵部尚書。

村高阜，有石郭外露。相傳元人，不知爲誰。

王齊曰：《一統志》『城西六里有晏平仲墓』。蕩無所考。《郡志》『西樓村有焦贊墓』。今焦墓在山東長山，豈以贊爲用遠祖而誤以用墓爲贊墓耶！若晏平仲乃齊晏嬰之字也，今嬰墓在臨淄齊子城，而高密又有廟焉。吾雄在春秋爲燕地，而平仲足迹未嘗至燕，豈得墓在雄耶？識此以待博古者。

附：廟四。寺二十有二。閣三。觀二。

廟

東嶽在東關之北，二聖在瓦橋北，祀二郎、關王。宋時建，臨河人言廟前有石柱，相傳爲纜雄椿，毀之輒生水患，關王在瓦橋關南，石象在小崔。相傳元時，夜有石象害苗，鄉人祀之。

寺

觀音六：在瓦濟街西者，洪武間創，景泰間重修，僧會在焉；在孫村者，元至正五年建，天順間重修；在東楊者，至正十年建；在東李者，成化元年建；在齊觀者，唐初建；在永定門内者，天順五年建，天寧在圓通街，永樂間創建，普覺在先王村，至正間建，天順間重修，鎮海在北楊，唐時建，成化間重修，宏教在李村，景泰間修，慶圓在淶河，天順五年重修，定慧在東趙，唐時建，大覺在神堂，至正五年建，留通在留通，成化五年建，地藏在西樓，天順元年建，普照在龍華，至正五年建，百尺在東南三十里，至正十年建，清凉在下村，至正六年建，百福在史哥，至正間建，雲岩在王村，至正五年建，崇興在留鎮，唐憲宗元年建，三教在侯留，景泰二年建。

閣

圓通在圓通街，永樂十三年雲川指揮王俊建，增福在李村，唐尉遲公修，今圮，神清在神堂，至正間建，嘉靖五年重修。

觀

真武二：一在北城之下。《紀聖實録》：『宋仁宗康定間，北蕃胡知遠來侵雄州榷場，時王勔爲經略使，夜半隱隱見真武形，知遠遂遁。勔以事聞，令建廟焉。』正德間内監李和重修。補：王齊《十六日與蘇守張尹同游》詩：『怪爾仙家紫氣重，晴雲旭日媚寒松。青山載酒春隨杖，絳節朝天午撞鐘。五馬棋開龍虎門，雙凫丹熟鬼神封。步虛〔一〕聲裡歸環珮，近市花燈晚更濃。』一在瓦濟街城隍廟之西，嘉靖間修。

王齊曰：右所附皆左道不經，或祀非其人、人非其地，或琳梵耗民，緇黄〔二〕避役，當削不削者，仍其迹也。

〔一〕步虛，道士唱經禮贊。
〔二〕緇黄，指僧道。

風土第三

《乘》曰：《詩》紀豳風，《禮》陳月令。範世軌物，崇約黜浮。眷茲雄邑，風剛地洳。桑海相尋〔一〕，氣習罔經。孔子獵較〔二〕，魯人供簿〔三〕。式注見聞，以敦叔季。

【俗尚】

其俗射獵，其業耕織。風俗質勁《翰墨大全》。稍事詩書之習，略無澆競〔四〕之風宋劉渙《記》。士輕生而尚義，有荆軻之遺風《圖經》。民質朴勁勇，不以浮華爲習，而以耕織爲生《郡志》。宜犬豕馬牛羊《通考》。

王齊曰：人士都矣〔五〕，典禮繁矣，氣節崇矣，文日盛而質日微矣。草莽者野而僞乎？胥史者狡而諍乎？市井者輕生而罔利乎？其燕趙遺風固然乎？轉移之機，則有司存。

〔一〕 相尋，接連不斷。
〔二〕 孔子獵較，獵較，指争奪獵物，泛指打獵。《孟子·萬章下》：「孔子之仕於魯也，魯人獵較，孔子亦獵較。」後隨成隨鄉入俗之典。
〔三〕 魯人供簿，「簿」當作「薄」。《莊子·胠篋》「魯酒薄而邯鄲圍」，對此各家解釋不一。基本事實是，楚宣王朝諸侯，魯恭王後至，且以劣酒爲禮。楚王怒，梁得以趁機圍邯鄲。
〔四〕 澆競，謂追求名利的浮薄風氣。
〔五〕 人士都矣，人士，指有名望的人，舊時多指社會上層人士。都，言聚集。

【時序】

孟春之月　厥元日，五鼓更燭、炷香、懸天燈，祀真宰，祀先。畢，家衆以次稱壽。既遂，出。賀婿至，以物酬之。是日，西南風收秫，霜重收綿。越三日，拜墓，會賓。厥春日，睞土牛〔一〕，茹春餅，薦白蔔，野人取牛土書門曰『百事大吉』。厥元夕，先後張燈、放花，睇者達曙。厥十六日，病婦群聚窑下，曰『陶灸』。家人蒸紙，及剪裁爲九條，信手結之，曰『結羊腸』，卜休咎。女子邀厠姑，卜流花、問吉凶。又剪彩，簪之以相誇尚。至莫〔二〕，過瓦橋度厄，或投瓦橋下。厥廿五日，以灰爲梯囤形，中撒五穀，磚石壓之，曰『填倉』。是日也，亦喜爲棗糕逆女。是月也，遣童子入學，農夫于耜糞田。

仲春之月　厥二日，以灰糠畫龍於井，以青灰引至瓮下或倉庫内，曰『引龍』。是日也，將鯉席逆女，仍以禮饋之。厥春分，分臘酵作春分酒，亦拌醋。是月也，春冰既泮，有蘩，有荇，有藻，有菰，貧者取易薪米；漁者咸相率着皮衩發魚，以綱，以扠，以笱，以箈，以釣，以罨，競取而多獲焉。

季春之月　厥寒食，好事者樹鞦韆，放風禽。閨人摑子〔三〕爲戲。至日，墓祭，士女畢出。次日，婦亦得歸省，展孝敬焉。厥清明，插柳看花，踏青挑菜。厥穀雨，禁蝎。是月也，雖不桑者亦理蚕事，貧民着衩取藕供食，或雜榆莢、槐柳、椿芽以烹之。占法：一日、二日雨，主旱。

孟夏之月　厥四日，釀酒味嘉。厥八日，僧尼〔四〕爲洗袚會，富愚赴會施供。厥廿八前十日上藥王廟。是月也，藕芽

〔一〕睞土牛，類似於『打春牛』一類的風俗。
〔二〕莫，通『暮』。
〔三〕摑子，一種游戲。用五個小布包或石子，放在地上，一手抓起扔高再接住，接的最多者爲勝。
〔四〕尼，原文訛作『厄』字，今正。

既盛，蒲黄亦成，咸取之。占法：一、二、三、四日雨，麥不熟。

仲夏之月　厥五日，貼門符，懸艾，人繫百索，啖角黍，泛菖蒲酒，捉蟆采藥。婿婦追節之盛，愈于仲春。是日雨，主虫。是月也，芒種後遇壬入梅，夏至後遇庚出梅，遇雷電爲斷梅。以遇壬日數爲梅高尺數，度物之高下，置之則不梅矣雄地下濕，故亦梅。如芒種後五日遇壬，則梅高五尺；十日，則梅高一丈也。

季夏之月　厥六日，儲水經年不壞，窨麯醬麯有粗細，醬有生熟。是月也，南浦菱芡既登，荷花亦盛，吾民拉朋携妓，晝船簫鼓，竟日忘返。至于縉紳，或棹〔一〕小舟，觴咏自適，時泊柳堤聽漁唱，亦陶陶然，迤邐中秋後已。

孟秋之月　厥六日，挂地頭〔二〕用楮錢。七日，爆洗。是夕，閨人以茜雞作乞巧會。厥中元，樹麻穀於門左右，毖祝祖考，以素羞復拜墓。是日，亦逆女。

仲秋之月　厥中秋，登樓臺玩月，薦蟹觀鶴。亦樹表，驗明年上元晴雨。是月也，近水人家咸采芰荷之實易米，仍積菰實以禦冬。

季秋之月　厥重九，蒸菊糕，舂紅糍，薦先，登高對菊，浮茱萸，嘗新酒，亦逆女，亦占冬陰晴。是月也，作蟹釀菊酒，甲他處。

孟冬之月　厥下元，墓祭，焚寒衣，亦逆女。是日，南風則冬煖，西北風寒。是月也，民多嫁娶。有力不前者求救于人，曰『告助』。又斥鹵之地稗熟，貧而勤者咸采，積以糊口焉。

仲冬之月　厥長至，祠祭，畢，士夫亦有行交賀禮者，亦逆女。是日，樹八尺之表，以驗來歲水旱大抵據表之長而中分之，日影中正則豐，不及則旱，過則水。水旱分數亦如之。于上元夜，亦驗月影。是月也，淀水未冰，漁家因水勢之廣狹，制葦箔，曲置水中以通魚，往來可入不可出。冰合，鑿而取之，爲費既多，所獲亦溥。騎射畋獵畢舉焉。

〔一〕棹，原文訛作『掉』字，今正。
〔二〕挂地頭，明清鄉間一種祈年的習俗。農曆七月，將祭祀用的紙錢與面果等挂在田間的莊稼上，以祈豐年。

季冬之月　厥八日，以諸米赤豆雜果肉，加辣粥食之，曰『臘粥』。男女剃頭黔耳。厥廿三或廿四日暮，以餳餅、茶果祠灶，婦女不得參。鄉人秉高炬，照麻虫，掃舍宇。亦多嫁娶，以爲無忌。除日，亦如之。厥除夕，陳祀真宰。祀先之儀，設庭燎爆竹，樹將軍炭，擊千金木，燒蒼朮，辟瘟丹，懸新帚、胡蘆、麻箸于門。夜分，易門神桃符，寫春帖、天行帖子，具酒殽，各稱壽，守歲。是日，作燈十二準。明年之十二月，釜蒸之驗水旱其月旱，則其燈乾；其月澇，則其水滿。又以柴夾豆十二，水浸之，占同。其元宵亦卜之。

王齊曰：人言成化、弘治之間，俗尚勤儉，民多殷富，男務耕讀，女務蠶桑，服以木綿，屋蔽風雨。雖大族巨商，婚不論財，速客〔一〕以八簋爲上，酌以大斗三行，五行即止。是以民無游食〔二〕，官多遠久。今也，皆不然矣。是故一遇荒歉，雖富室亦稱貸以卒歲，他可知已。觀風者，溯流窮源，長爲太息。

【土産】

穀　多黍，多稷，多粟，多穄，有麥來、牟、蕎，有粱，有稻，多糜，多藷〔三〕美，有菽黃、黑、豌、菉、紅小、雜文、羊眼、蛾眉，有麻黃、白、黑，有蘇子，多菰米，有稗米，有穇。

畜　多牛，多馬，多驢，有騾，有特，多羊，多豕，多犬，有田犬，有猫，而家禽則有雞，有鵝，多鴨，多鴿。

果　有桃，有李嘉，多杏，有梅杏，有柰，多沙果，有甜果，有瓶果，有櫻桃，有匾桃，有胡桃，多梨嘉，有楂小梨，有楸，有榴，有葡萄，有椹，有癩荔枝，有無花果，有荸薺，有地梨，有茈菰，有蔗。

〔一〕速客，請客也。
〔二〕游食，謂游手好閑，不勞而食。
〔三〕藷，用同『薯』，薯類作物。

蔬　多芥，多葱，多蒜，有韭，有薤，多芹，多蒿茼、蔞、蔄，有白菜，有莧，有薺，有芫荽，有苣，有君蓬，有菠，有芑苦賣，有藍，有葵，有白華，多黃華，有葴蘭，多荇，多菰，多銀條，有蓴，多蒲笋，有蘋，有蘩，有灰，有馬齒，多豆蚕、刀、匾，有甘露子，有玉環，有地瓜，有地皮，有蘑菇，有蒔蘿。

蓏　多芡，多芰菱，多蓮的，多藕，有茄，多瓜甜、王、西、冬、絲、菜、筲，多瓠，多壺，有匏，有芋，有葖蘿蔔，有葑蔓菁，有茭。

鱗　有鱘，有鰉，有鱣，多鯉嘉，多鮆刀魚，有鯖，有鮊，多鰷，有鱮，有鮰，有鰋，多魴嘉，多鱓，多鰱美，有鰻，有鰺，有鯆，多黃骨，有鱧，多鮎，多鱒，多黃頰，多鯽嘉，有鰍，多鰽，多鯯美，多鯿，多鱔嘉，多針，有羊鱎，有石鰱美。

介　多鱉，多蟹美，多鰕嘉，多螺，多蚌，多蚹蠃蝸。

獸　有狐，有狸，有貛，有兔，有田鼠，有鼠狼，有彙蝟。

木　多椿，多槐，多榆，多柳，有檜，有柏，多桑，有柘，有楊，有垂楊，有楮，有栘唐棣，多杜，有樗，多櫟，有荆，有棘，有樫，有辣，多蓖麻。

花　多菊，多萱蜀葵，多堇，多薔萱，多荷，有玉簪，有石竹，有馬藍，有薔薇，有金鳳，有鶯粟，有黃葵，有雞冠，有鳳仙，有荼蘼，有牽牛，有匾竹，有長春月季，有迎春，有馬纓，有八仙，有竹葉青，有剪春羅，有十姊妹，有十樣錦，有百日紅，有轉枝蓮，有紫胡蝶，有夜落金錢。

禽　有鴻，多雁，有鶴，有天鵝，多鳩，多鸛，有鵁鶄，有鵪，有鸍，有倉庚，有鳦燕，有鳲，有鴿，有鶌鳩，有鵙，多鵲，多鷹，多鷂，有隼，有鸇，有慈烏，有鴨虎，有鴉，有鸒，有鵂鶹，有榆葉，有鴷啄木，多鸒山鵲，有刁鵝，有鸍，有鶩，多雀，多反舌，多鶉，有畫眉，有綉眼，有鶡，有蠟嘴，有鬼車，多鴛鴦，多鵁鶄鸕鷀，有梟，有鷖，多鷗，多鷺，多鵜鶘，多鸂鶒，多水鴉，多水雞，多鴨有野，有樹，多鶩，有脊令。

草　多苘，多茅，多蒲，多葦，多萍，有芣苢，多蓼，多游龍水葒，多臺莎，有菖蒲，有羊蹄，有牛舌，有茈，多藻，多莠，有龍鬚，多蒿，多椐馬鞭，有兔絲，多苜蓿，多水葱，有三棱，多茨荻，有茨蒺藜，有苔。

虫　有蛟，有蜥蜴，有蛇，有蟋蟀，多蟆，有蝍蛆，多蚤，多服翼，多蜂，有螟蛉，多蛙蛙，有蠨肖，有蚱蜢，多蜩蟬，有蛣蜋，有螢，有伊威，有莎雞，有蠹，有蟻，多蝌〔一〕斗，有蛾，有蚕，有蠐螬，有蟫蠹魚，多虰蛵，多蚊，多虻，有螻蛄，有蟭蟟，有蟦，有蛭，有蝶，有蚯引，多蠅，有蠅虎，多蝎，有蝎虎，多蜉蝣，有蝘。

藥　有蕾甘草，有半夏，有地黃，有牽牛，有蓄羊蹄，多枸杞，有地骨皮，有茴香，多蓷益母，多蒲黃，多薄荷，有艾，有蒻商陸，多茵陳，有紫蘇，有荆芥，有薏苡，有葫蘆巴，多大戟，有小戟，多瓜蔞，有穀精草，有猪牙草，有遠志，有豨簽草，有蛇床子，有香附子，有金沸草旋覆花，有麥門冬，有柏子仁，有蟾酥，有馬勃，多瞿麥，有苦參，多蘼蕪，有亭歷，有紫花地釘，有濮公纓，有地榆，有山藥重出者略。

貨　多水産，有荷葉，多席有蒲，有葦，有扇，有篚俱蒲，有絲，有土絹，有綿花，有布，有麻苘線，有靛，多菊酒，有紅花，有蜜，有蠟，有油，有鹽，多碱，有硝，多綱罟，有蒲團。

王齊曰：雄亦樂土也。五穀備矣，肉帛具矣，果酒嘉矣，材木任矣，花草娛矣，藥物需矣，鳥獸魚鱉若矣，貨財通達矣。仰觀俯察，養生喪死無憾矣。雄不得爲樂土乎？今之民弗獲以偕樂也。天地既闢，民物并生，衆寡相奪，勝負以形，生齒日益矣，財貨日微矣，游惰日冗矣，賦役日繁矣，兼以豪華之争長，灾害之叠至，出有限而費無窮矣，有生之樂何萌耶？《詩》云『夭之沃沃，樂子之無』。知此之謂也。於戲！欲與民同樂者，其留意焉！

〔一〕蝌，原文訛作『蚪』字，今據改。

田賦第四

《乘》曰：法備周官，漢通平準。不桀不貉，國裕民殷。叔世靡程，上漁下蝕。豐凶易時，催科孔拙。其何能淑，足民足國。

【户口】

國朝

高皇帝朝：户一千七百七十三，口一萬三千二百五十七。

文皇帝朝：户二千三百五十七，口二萬一千三百四十六。

章皇帝朝：户二千二百八十三，口二萬八百九十五。

睿皇帝朝：户二千四百三十九，口二萬三千一百九十三。

景皇帝朝：户一千九百八十七，口一萬九千七百三十六。

純皇帝朝：户二千五百二十六，口二萬六千九十六。

敬皇帝朝：户二千三百四十五，口二萬二千一百四十八。

毅皇帝朝：户二千二百七十六，口二萬一千五百三十九。

今上皇帝朝：户二千三百五十五[一]，口二萬九千八百有一十民户一千七百八十九，軍户五百二十三，雜役户三十二。

[一] 分計爲二千三百四十四，與合計不符。

【地畝】

官民地：一千三百二十八頃一十有三畝五分九厘二毫官二十三頃四十六畝九分，民一千三百一十有四頃六十六畝六分九厘二毫，養馬在内。

站地：四百四十六頃三畝八分。

清寧宫莊田：五百三十九頃九十五畝，在何哥莊諸處東至小渾河，南至清河，西至黄花堤，北至小堤。

皇親柏氏莊田：三百四十二頃五十五畝，在王村口諸處東至苑增墳，南至軍莊道，西至白塔口，北至清門口。

馬駙馬莊田：三十七頃六十八畝，在高莊諸處東至賈安，南至賈奎，西至官道，北至王安。

焦駙莊田：二十五頃，在李郎諸村東至車道口，南至清河，西至民草場，北至横堤。

民牧馬草場：人和社，八十頃七十九畝一分七厘，在縣西南舊七十一頃一十四畝八分七釐，新九頃六十四畝三分。東至官道，南至河，西至黄花堤，北至大雄山；義和社，九十七頃四十八畝八分二厘，在留通東至張成，南、西俱至河，北至田玘；衆安社，一百四十八頃九十九畝六分，在龍華東至車兒灣，南至梁王口，西至王汉口，北至堤；賓興社，二百四十七頃五十一畝一分，在齊觀東至范增，南至牛海，西至吕貴，北至河坡。

神機營牧馬草場：在龍華諸村者，八百一十有二頃八十六畝東至茅兒灣，南至□□，西至□□，北至清河，其間不堪種地七百有一頃八十八畝，堪種者亦有上中下之分；在西南諸村者，十有二頃東至黄灣嘴，南至馬蹄灣、清河，西至鴨子臺，北至楊家口、長河，其間不堪種地三頃六十二畝，堪種者亦有上中下之分。

王齊曰：厥土六分之，墳壚者二，斥者一，泥塗者三。

【賦税】

税：麥，二千二百有四石四斗一升九合八抄三撮官四十九石四斗九升六合一勺八抄四撮，民二千二百五十四石九斗二升三合八勺九抄九撮。該徵一千五十四石五斗三升五合六勺八抄二撮五圭。報效養馬免徵，共一千一百五十二石二斗八升三合三勺四抄七撮五圭；奉户部札子停徵遠年在逃未復業人户遺地、不堪耕種者九十七石六斗五抄三撮。

人丁：絲，折絹二百一十有六匹一丈四尺五寸該徵一百七十六疋二丈一尺，報效免徵者三十四匹一丈四尺四寸，停徵五匹有一丈二尺；糧、粟米，四千七百六十一石六斗三升九合九勺二抄九撮五圭官一百一十有四石六斗九升六合二勺一抄六撮，民四千六百四十六石九斗四升三合七勺一抄三撮五圭。該徵二千二百三十七石八斗七升二合七勺六抄五撮，報效養馬免徵共二千三百八十石八斗一升九合九勺六抄五圭，停徵一百四十二石九斗四升七合二勺四撮；穀草，八萬七千七百六十一束六分三厘九毫九絲二忽九微五纖官九百二十三束四分八厘，民八萬六千八百五十八束七分六厘一毫。該徵三萬三千九百一束一分三厘五絲，養馬免徵五萬三千八百八十一束一分二厘五絲。

農桑：絲，折捐八十三匹二丈一尺三寸九分官一丈六尺五寸五分，民八十三匹四尺八寸四分；綿花，二百有三斤一十三兩二錢官一斤一十二兩八錢，民二百有二斤四錢。

站地：歲徵歸義、乾寧二驛及楊青所工料銀一千四百四十九兩七錢一分五厘。

寄養馬：五百一十有八匹。人户稱是歲發歲俵，無定數，亦無定時。

【子粒】

清寧宫莊田堪種地，歲徵銀一千兩七錢七分七厘九毫一絲四忽七微五纖。柏氏莊田堪種地，歲徵銀三百一十兩四錢四分。馬駙馬莊田堪種地，歲徵銀七十一兩四錢。焦駙馬莊田洿下，歲徵魚鰕課程六兩四錢。民牧馬草場堪種地，歲徵銀四百八十五兩二錢四分四厘。神機牧馬草場堪種地，東營歲徵銀二百二十二兩三錢九分五厘，西營徵二十一兩三錢四分。

王齊曰：莊田及牧馬草場地素洿下，水涸民争佃之，種未復而水即還矣。三數年來包納累甚，欲吐不可得也。嗚呼！求利未得而害已隨之，此其爲凡民也歟！

【税課】

歲榷商〔一〕鈔三千五百九十七貫八伯八十文；魚課鈔二千一百五十三貫八伯八十文，閏加之；户口鹽鈔三萬七千五百八十四貫起存各半。

【傜役】

歲徵南城弓兵銀八兩一名；御馬監草脚夫銀八兩一名；易州山廠柴夫銀八百七十六兩二百九十二名，名三兩；抬柴夫銀一百九十六兩三十五名，名五兩六錢；皂隸銀二百五十六兩，有閏加二十一兩柴薪皂隸十八名，名十二兩；直堂四名，名十兩；府學齋夫銀十有二兩，有閏加一兩一名；㶁縣弓兵銀十有六兩二名，名八兩；縣祇候銀八十四兩，有閏加七兩七名，名十二兩；馬夫銀一百二十兩三十名，名四兩；鄉飲銀十有六兩；祭品銀九十八兩；學齋夫銀七十二兩，有閏加六兩六名，名十二兩；膳夫銀四十兩；驛館夫銀八十兩；顧車銀二百兩；府縣各項力役銀共一千二百九十二兩；今聽差餘銀五百餘兩。

【歲辦】

胖襖，十有五，副六分折銀二十三兩有四分；瓜鐵銀一十五兩；狐狸皮銀一十兩；雜皮銀二十兩；翎毛銀六兩三錢；皂角銀一兩有五

〔一〕商，原文訛作『商』字，今正。

分；擠乳牛連犢銀六兩。其不以時奉各部所派者，物與數每歲遞有多寡，茲不及詳。

【俸糧】

知縣，月七石五斗米二石二十五升，鈔一百五貫。縣丞，六石五斗米二石，鈔九十貫。教諭、訓導，三石不折鈔。典史，三石米二石，鈔二十貫。驛丞，如典史之數。學生，人一石不折鈔。司吏，人一石米三斗，鈔十四貫。孤老，人三斗。其俸糧縣隨縣倉驛從之，學隨學倉。

建置第五

《乘》曰：王公設險，官府置廨。郡縣肇建，堂廉攸崇。稱厥仰瞻，共惟綜理。繼嗣相視，傳舍弗如。乃明部區，稽此興廢。

【城池】

雄城：漢建於太平社。東漢獻帝時瓚遷今治。修營壘樓，櫓作鐵門。周遭七里，高十丈，上闊一丈五尺，下闊三丈二尺；濠塹三圍，各闊三丈，深一丈。宋慶曆知州何承矩、景德間允則復續北城，共九里三十步，及築外郭即外羅城，浚濠引水，謂之雄河，其寬、廣皆倍舊制。國朝洪武初知縣程九鼎嘗治之。弘治初夢賢大加修葺，有堞有鋪，有守有巡，開四街，券三門，東曰永定，南曰瓦濟，西曰易易；咸有樓，南樓有鍾，以節晨昏；河亦疏浚，深廣於前；植柳三周，以固堤岸。正德末知縣馬紀又治之。即今知縣王子麒大加修葺，當永固焉昔城西南爲易水衝突，北城亦爲春不可行。柳盡爲豪民所伐，河亦淤爲民田矣。國朝張天瑞《記》〔一〕：『雄邑，在古爲易京瓦橋，於今爲保定屬縣。城〔二〕基弗垣，池溝弗浚，街衢弗門，闉闍弗樓，商賈弗市〔三〕，馳〔四〕道弗治。居民行旅苦興販之繁，受攘敚之害。凡過客無不嘆其寥落者。前此，來宰是邑者，率以迎送政務之繁未暇也。弘治戊申歲春三月，吾東昌夏津王侯夢賢擢宰是邑，即專意於傾廢，曰：「一邑之政，百廢不舉，庸非我有司之責歟？」于是政令之暇，乃著心思，乃計土木。爰始爰謀，經之營之。捄〔五〕陾度薨，而民不告勞；匃工庀

〔一〕《記》，清光緒十二年（1886）《保定府志》作《重修雄邑記略》。

〔二〕城，《保定府志》作『域』字。

〔三〕市，《保定府志》作『率』字。

〔四〕馳，《保定府志》作『地』字。

〔五〕捄，原文訛作『捸』字，今據《保定府志》改。

財，而人不知費。城垣用崇，凡若干仞；門樓聳竪，凡若干尺。因舊溝而疏决地脉，開新衢而取象井田，互市恢宏，道途修整，與凡學校舍庫、橋梁河道、鋪舍壇場之類，次第川成。自是，教養政日以舉，神人事日以集，弗垣者有堞聯聯，弗浚者有水汩汩，弗門者扃鑰以嚴，弗樓者棟宇峻起，弗市者抱布貿絲，弗治者問矢以砥，興販者不勞，攘敚者以靖，平平坦途，有不操梃杖而行者矣。邑之士民，咸偉侯之政而樂侯之成。蓋自鼻工以逮，藏事不逾年耳。邑有不忘侯之德政者，乃以書幣走京師，屬予紀其事。於戲！學不患於無體，而患於無用；不患於不變，而患於不通。吾良弼之學之濟用、才之疏通，信若此，誠可嘉也已！事用備書，庸告於將來。」又詩：「古雄城廢幾經年，半是人家半是田。」又：「三門鼎峙嚴開闔，百雉城成定市廛。」

【公署】

撫按察院行臺，在縣治前之左。中爲帥正堂。後爲中堂。前爲臺，爲墀，爲東西序，爲儀門，爲門。中堂東爲吏舍，西爲厨。門外有屏，左爲總鋪，右爲官廳門子四人，司鍵。正德間知縣易鴻重修。太僕寺行臺，在縣治之西北，視察院少降焉門子二人。府署，在縣治之北，制如太僕，而深邃不逮焉門子二人，正德間鴻創。

【縣治】

縣，在城東南隅，即州治故地。其中爲明新堂，東爲幕廳，西爲鑾駕庫。後有軒，有門，有子來堂。子來東有雪舫齋今圮，有望樓；後爲知縣宅。鑾駕之西爲縣丞宅，東爲門。門北有隙地，爲厩。幕廳東爲崇積庫樓，樓南爲典史宅，門由承發司南。明新之前爲露臺，爲墀；左爲吏户禮房，爲架閣庫，爲承發司，右爲兵刑工房，爲馬政科。墀前爲御箴碑亭，亭左右爲莊田，至石前爲儀門。門之東爲土地祠。祠南爲養廉倉，東爲吏廨。儀門前爲縣門，外爲榜房。儀門之內、馬科之南，則獄也周顯德六年創；洪武間九鼎重建；天順間知縣曹文昌、成化間知縣劉傑增修；弘治間知縣党琛、陳言，正德、嘉靖間知縣王顯及鴻及九儀及今子麒咸加修葺云。

官：知縣一人掌印，縣丞一人管馬。

幕：典史一人户兵、司吏各一人；六房典吏六人，咸主文書；承發科吏一人，主承發公文；馬政科司吏一人，掌馬；里長百九十人，歲十有九人，主里甲賦税；書手三十一人，主造册；群長歲十有四人；醫獸五人，主馬；門子四人，司鍵；皂隸五十六人，司朴；快手二十人，有馬；民壯八十七人，咸主警；祗候九人，主候；馬夫十人，司厩；禁子五人，主獄；吹鼓手十有六人，司樂；匠役二十八人，各執其藝。

【學校】〔一〕

學在縣之北，元在學之東北曰『夫子窪』處，洪武八年九鼎改創。中曰『明倫堂』，壁刻御製卧碑一通。堂前爲禮庭。其東曰『明德』，西曰『日新』，兩齋相向，齋南各有號房七楹。堂之兩翼，左爲祭器庫，右爲養賢倉。堂後爲教諭宅。宅之東爲鏡堂，有翼，有軒，有明遠門王齊創建，今子麒重修，以課多士。禮庭之左右有科貢題名碑二通，其南爲今上敬一碑亭碑七通。亭之前循文廟之後，趨西迤南有訓導宅二，趨東爲儀門，直南爲庠門。門之内由東有射圃，中有觀德亭；門之外有屏，有坊。東曰『泮宫』，西曰『儒林』其制廣二十有八丈，袤七十丈，四至直方。三廨俱通瓦濟。景泰間文昌，天順間嵩，弘治間子堅，正德間紀，嘉靖間鴻、九儀，咸加整飭。若敬一亭，則縣丞王俸建也，今子麒修葺，視前爲備，故士多寧宇肄業焉。大梁楊東山《鏡堂記》：『雄邑庠明倫堂之東，有僻地焉，新蔡王子元修敷教之。明年，構堂三楹，名曰「東堂」，蓋爲游息潜之所也。落成之期，客有獻方鏡者，廣尺許。元修嘉其有自照之義，乃更堂之名爲「鏡堂」，遂號「鏡堂主人」，賦詩刻諸壁，見取名也。後二年，遭楊子於涿鹿，述堂之厥成，并所有屬志之。楊子曰：「甚矣，王子之好奇焉耳！君子之好不同，其致未嘗不一也。何也？好者情之暢，一者理之歸。情拂於理，不情之好。道寓夫數，君子審之也。今元修敷教於雄也，以鏡名堂，而主人於斯有自新新人之意，實君子作則之良也。夫靡自明，則罔以明人。本體昭矣，則虚含靈感，發幽啓玄，天下之務，不其該乎？是王子之好，根諸理也。若夫主人於堂，堂其客也。往聞元修典試關中，謂之主者。既客於外堂之居，然者不其爲主乎？迨西旋登堂，客主再盟，固其所也。然而倏忽紛舛，世之恒也；遷變久近，時之定也。求其主人不爲客，客不永爲主人者，鮮矣。是王子之好，明諸數也。堂南面壁莊栗，西岩遠峙，石徑通橋，曲水環合。前後桃李數株，春華夏實，鮮如碩如。叢菊茂竹，且能抗霜，風挺勁節。而元修置琴剖樽，頌《易》賦《詩》，俯仰長嘯，神交千古，有振世化俗、高涉逖覽之志。元修之好，不謂之奇，孰然哉！」於是王子矍然遜曰：「楊子之規我矣，願以斯言往書於堂，以諭夫二三子。」』王齊《鏡堂嘉會記》：『嘉靖壬辰，易水中秋，歲功康阜，風物閒美。

〔一〕學校，原文二字前衍『屬』字，今據原文目録删。

王子燕坐于鏡堂，僚友既登，童冠在列。談孔孟，頌羲皇。鳴瑤琴，賦賡歌[一]。翔孤鶴於高雲，薦巨蟹以新醪。金石交宣，欣對未央。已而，月鑒庭槐，露湛園英。撫流光之易逝，慨嘉會之靡常。世促名悠，各勤檢素。於是，諸子稱壽，願言考終。請綴章縫，永昭宮泮。王子遂染翰焉，會典序爵，爵同序齒。官僚四人，賓友三十人，門人百一十有九人，俱載諸石。」補王齊詩：『古壇雙樹懶仙家，更築東堂遠俗譁。石徑叠橋流曲水，瓦盆移土種新花。青山撫卷看雲起，黄鶴聽琴送日斜。數愛高人留白墮，故邀明日照烏紗。』

官：教諭一人掌記，訓導二人學生二十人，增廣生二十人。附：學生不置額，惟其人。凡學生，歲人復四丁。司吏一人，門子三人，養賢倉斗級四人。

【屬】[二]

歸義驛，在縣西故歸義縣治。有中廳，有左右厢房，有前廳。廳東爲厨庫，又東爲公廨。西爲倉房。前爲中門，門西爲馬神廟，外爲鼓樓武洪間九鼎創。驛丞二人掌記。吏一人，司候；庫子二人，主鋪陳；斗級二人，司貯；館夫八人，司穀；馬驢夫百一十三人，司乘；草脚夫一人，司秣[三]。土民馬上中下五十三匹，南馬三十六匹，驢六十頭。大小鋪陳百一十三床，以館賓旅。大小什物七十七件，以備晴雨。遞運所，在木廠街，大使一人。河泊所，在馬務，河泊一人俱洪武間建，天順間裁革。陰陽學，在縣之西，訓術一人掌記，洪武八年建，陰陽生五人，咸主日。醫學，在陰陽學之西，訓科一人掌記，醫生五人，咸主醫。陰陽、醫生咸以市人充之，不閑本業，給役使而已。僧會司，在觀音寺，僧會一人掌記。道會司闕。社學，在預備倉北，有養正堂，有禮庭，有門垣。其十二社七屯之學，則各隨其地焉教讀如社屯之數。旌善亭，在縣南。申明亭，在縣西，有亭，有門弘治間夢賢、正德間冕重修。老人十九人，木鐸老人五人。

[一] 賡歌，和詩也。
[二] 屬，原文此字誤植於『學校』二字之上，今據目録改於此。康熙十年（1671）《雄乘》有此字，然目録作『屬坊』二字。
[三] 秣，原文誤作『抹』字，今正。

【倉庫】

養廉倉，在縣内歲儲縣糧，今圮。老人一人，斗級二人，司守。預備倉，在縣東南，有糧廳，有廒，有門，有垣洪武辛未奉工部札子建。弘治間夢賢、子堅、典吏李從寬增修。老人一人，斗級五人。養賢倉見《學校》。驛倉見《驛》。鑾駕庫，在縣内貯儀仗，儀仗五十有二。天丁六十有二，冠袍帶并如其數。架閣庫，在縣内架案牘册籍，典吏一人，主籍。崇積庫，在縣内，有臺，有樓嘉靖初縣丞錦建，貯貢税、糧課、罰贖諸金幣。庫子二人，司藏。驛庫見《驛》。草場，在太僕行臺之西約十五畝許，脚夫二人，司草。

【鋪舍】

急遞鋪五，曰總在察院東，曰郝家莊南十里達任丘，曰王克北十里達新城，曰楊定西十五里達容城，曰郭莊東南三十里達文安。咸有堂，有亭，有舍，有門垣，有墩臺，有守鋪長司吏一人，鋪司五人，鋪兵三十有八人。

冷鋪十，俱在城内外設具以禦水火盜賊，總甲十人。

【堤橋】

堤曰杷頭，西自安州、新安，經縣南繞崔村、馬務而東，長二百餘里相傳築以捍水，可以行車。亦名直道堤。曰大堤，其大謝、王槐、西楊、東楊、東趙俱有之。曰黄花，在西南多黄花。曰沿河，在大陰。曰萬柳，在縣南，即今路也楊士奇詩『雄縣城南水没路』是也。後夢賢修之。自正德十二年，水民利擺渡，橋道俱決。鴻創修，高五尺，闊五丈，植萬柳以固堤岸，故名之。補王齊《冬日城南》詩：『危橋叠岸逐江斜，風急途長走白沙。天作米花横百里，歲收菰米度千家。田翁日傍鼋鼍宅，驛吏星迴駟馬車。忍聽誅求來野哭，誰將此景獻重華。』

王齊曰：關南路實要衝，人言昔無堤橋，時四面皆葦鄉，塗者數爲舟子所敗。易鴻建橋築堤，十里如畫，民至今思之。於戲！橋梁道路，有司之職。前後非有司耶？鴻，仁人也！鴻，仁人也！

橋曰瓦橋，即舊關洪武間九鼎創，嘉靖間鴻重修。魏綸《瓦橋夜月》詩：『銀蟾東轉海天凉，十二欄干夜未央。睡熟長鯨金作背，歸來仙鶴雪爲裳。寶珠落水驪龍戲，藥杵敲雲顧兔忙。試問漢家題柱客〔一〕，終慚商代濟川航。』曰草橋，在縣南三里洪武間九鼎創，今廢。曰新橋六，皆在縣南路，草橋之南，易昜之北嘉靖間鴻創，設船户三十五名，防守盗决，刻石吕公祠前。曰吕公，在吕公祠後永樂間知縣趙魯創，嘉靖間鴻重修。設船户十名，防守。有碑。曰北店，在北關之北天順間知縣秦紘創，今圮。曰王克，在本鋪之南，横渡白溝久廢，正德間紀重修。曰王家，在本臺。曰任家，在本臺正德間民任昇修，今廢。曰施家，在縣北三里天順間知縣周嵩創，今廢。曰王黑，在本營。曰侯留，在本村天順間嵩創，今廢。曰孤莊，在本莊。曰東作，在永定門。曰西成，在易昜門東、西俱正德間紀創，今廢。曰永通，在縣西一里，横渡白溝景泰間知縣曹偉創，正德間紀、鴻咸重修焉。

【武備】

教場，在永通街。南有閲武堂，有將臺，有壘，有射侯，有講武坊歲時掌操官率民快習武其中，聽知縣勸懲。

〔一〕題柱客，『柱』字原文訛作『住』字，今正。題柱客，指誓志求取功名榮顯之士。

下卷

禮制第六

《乘》曰：唐虞邈舉，周孔弗作。禮壞樂崩，奸政濫俗。我朝天開，綱陳紀列。經世遂生，萬民永式。矧雄近郊，觀法靡忒。爰述舊章，維徵維極。

【公儀】

聖誕、冬至、正旦，知縣帥僚屬設儀具服。先一日，習儀於天寧寺。至日，於縣行，朝賀禮，如制祝從縣官。

開讀詔勅，知縣帥僚屬，如朝賀儀，行禮如制。

新官上任，先一日致齋於城隍廟無齋所則宿公所。至日，祭城隍。畢，詣縣祭門。畢，具公服，行謝恩禮。畢，公座。畢，便服行參見禮。畢，諭僚屬署公移，乃饗官屬父老。

鞭春，歲立春先一日，縣官率衆迎於東郊，赴春宴。至日，候其時，縣官具朝服，帥僚屬行鞭春禮，如制。

日食，知縣帥僚屬具朝服於縣，伐鼓，行救日禮。

月食，具常服，行禮如日食。

【祀典】

文廟，在明倫堂之前，左爲東廡，右爲西廡。東廡北有便門，達於學廟。前爲露臺，爲廟門。門之東有舊文昌祠。前爲杏壇，亦多桃李。又其前爲欞星門洪武間九鼎創，成化間縣丞王瑄重修。今子麒大加修葺，門、廡俱新焉。祀孔子，配四子及十哲，從祀諸子、漢唐宋元諸先儒。春舉祀於二月、秋八月上丁日，制也。月朔、望，縣官率師生晨參焉文廟門子一人，月香燭米三斗。祭器庫見《學校》庫子二人，司祭器。銅爵百有四十，鴻置。

啓聖公祠，在學中，祀啓聖孔公，以先賢顔無繇、曾點、孔鯉、孟孫氏配，以先儒程珦〔一〕、朱松、蔡元定從祀。亦於上丁日先舉焉門子一人。

社稷壇，在北關西南，中爲壇，爲石以依神，北繚周爲垣，南爲門。壇之西爲齋所，有庫有厨厨庫今圮。祀縣社、縣稷之神，春二月、秋八月上戊日，出主以祭，制也門子一人，司洒掃。

風雲雷雨山川壇，在草橋東南，其制如社稷。祀風雲雷雨之神、本縣山川之神、本縣城隍之神。春、秋繼社稷壇出主而合祭之，制也門子一人。

邑厲壇，在北郭，内門、垣俱無。歲清明、七月望、良月朔，先期牒城隍之神主。其祭至期，出主，榜『無祀鬼神』，而分祭之，制也門子一人。

〔一〕珦，原文訛作『垧』字，今正。程珦，宋代大儒程頤、程顥之父。

里社壇：人和，在東趙；義和，在東槐；利人，在平王；太平，在趙村；進福，在神堂；慶豐，在張哥；豐樂，在小王；衆安，在上村；進賢，在洪城；賓興，在留鎮；福順，在龍華；安寧，在小姑；民歌諸七屯，在任家臺及易昜門外。各鄉人於春、秋上戊日集之，以祀其里社稷之神。

鄉厲壇，在各里社之旁，各祀其鄉無祀鬼神，期同邑厲。

城隍廟，在牧廠街之後，有堂，有後堂，有東、西序，有翼室，有中門，有門。當無像，今有像侍史、從者亦有像。月朔、望往參焉。

名宦祀，在學内射圃前之左，中爲崇德堂，門、垣俱備。祀宋河北沿邊安撫使李允則，本州團練使何承矩，國朝知縣程九鼎、秦紘、王夢賢、馬紀、易鴻，教諭王繼禄、魏綸，各一壇焉門子一人。

鄉賢祠，在名宦之右，中爲考德堂。祀國朝太子少保、都察院左都御史劉觀，南京兵部尚書侯瓚，太子少保、户部尚書侯觀，各一壇焉門子一人。

名宦、鄉賢，春、秋繼山川壇致祭。其豐與潔隨縣之宜，而禮儀則仿諸家禮祭禮大都每祀羊一、豕一、菓十、蔬十，酒如其神之數。俱子麒修。

王齊曰：祭法有五，曰法施於民，曰以死勤事，曰以勞定國，曰能禦大菑，曰能捍大患，則祀之。又有祀先賢於東序，祀鄉先生於社之義，是名宦多論功，鄉賢多論德，而功德兼至，又所必祀者也。乃若雄之名宦，合祭法者得九人焉而已，鄉賢得三人焉而已，而張叔夜、陳復初、王庸、胡斌別祀之，《官師》《人士》可詳也。或言有可祀者，匪直不可信，且不可考矣。

雙忠廟，在白溝，祀宋張叔夜、國朝陳復初，即二公死所也。春、秋繼名宦祀焉今子麒建。

孝行祠，在易易門内，祀元孝子王庸。春、秋繼鄉賢而致祭焉嘉靖十年，齊請於提學陳中川公建。

王齊曰：忠孝，人之天也。庸也，生非其辰，無可仕矣。隱居事親，獨全其天，是爲元之孝子，非今之忠臣乎？是宜祀，以式夫人之不天者。

義行祠，在瓦橋關外，祀義士胡斌，祭期如孝行祠知縣謝九儀建。

馬神廟，在太僕行臺之左，有堂，有門，以祀馬祖之神。歲春、秋上戊日，管馬官率群長備牲帛以祭。

八蜡廟，在易水之西。縣官備牲帛致祭，如馬神之期。蝗作時禱之。

龍王廟，在小雄山上，旱則縣司禱之，其應如響。

河神廟，在大雄山之後，水則縣禱之。

土地祠，在縣内，祭期、祭品并如八蜡。

旗纛廟，在教場今圮。歲霜降日，管操官具牲幣率民快祭之，文職不與焉。

【鄉儀】

鄉飲酒禮：歲正月望、十月朔，縣官就明倫堂舉行，如制。

鄉射禮：予按，古禮多不能行。今《會典》所載，洪武初，奉禮部札子，令生員日講畢習射，府、州、縣官辦事畢亦習射，朔、望行射禮，如式。八年四月，改令每月上旬習射三日，下旬亦如之。二十五年，重定射式，朔、望以提調官主射。永樂三年七月，復申明之，周旋曲折，簡便易行。齊嘗準今酌古，參訂今射禮儀注，於春、秋二仲月行之，遵時制也。

冠禮：諸生將冠者，白於縣，習於學，行於家。

婚禮之行，與家禮不盡合。雄人雖不論財，而女家妝奩亦大侈費，不可不戒。

祭禮：士大夫間有行者，如家禮，亦有不如家禮者，予於時祭，必率諸生行之，以作觀者。

喪禮：士夫間有倣家禮行者，民間則多尚陰陽，供佛飯僧，須嚴禁乃已。

【恤政】

養濟院，在易易街西，中有室、有亭，外有門、有坊洪武間九鼎建，以養民之老而鰥者、寡者、獨者，惟其人不限以數。月有糧，歲有薪，季有帛，冬有綿，病有藥，死有棺。

惠民藥局，在易易街東，有室，有坊洪武間建，弘治間夢賢重修。

義冢，在城西半里，約三畝許，有垣，有林木。義士胡斌以收葬死無歸者，禮也。

【刑法】附

縣有獄，有卒，有笞，有杖，有訊竹板，有枷，有杻，有縲或以鐵，有鐐。視囚人之輕重，别其寢處。病者、餒者、寒者，必療而飼之、衣之。時洒掃之，扃鑰械繫，不得不嚴焉。

雄人之訟，有田宅，有錢糧，多户役，多人命，多鬥毆，有婚姻，有盜賊，多訴訟，有不孝。凡訟而輕者，縣得而自擬之；重者必達於府，請於撫按行臺，轉詳刑部而後如擬。

王齊曰：刑法，非國家之得已也。世降民漓，不可不慎。嘗見今之長民者，不能明刑而言恤刑，不知嚴刑而言省刑，務名喪實，怙暴惠奸，殺人者不死，而傷人者不抵罪，僞日滋矣。於戲！果長民者之首務乎？先民有言『不肉刑，不三代』，又曰『治世刑重，亂則輕』，良有以夫！嗚呼！明刑弼教，雖堯舜周孔不廢也，故以刑法附諸禮制之末。

官師第七

《乘》曰：雄在叔世，帥牧并陳。文獻無徵，勛名靡托。紀綱天啓，政教日新。爰有甘棠，式滋墮泪。耳目所及，臧否仍稽。敢襲魯史，用垂殷鑒。

【撫臣】

宋

劉福，下邳人。福魁岸，有膂力，以功遷雄州防禦使。至部，按行城壘，調鎮兵以給繕完，出私錢以資宴犒。寇雖大至，恃以無恐。福雖不學，而爲政簡易，御下有方。在州五年，郡境寧謐，遷梁州觀察使《一統》及《淮安志》。

何承矩，初知州事，推誠御衆，同其甘苦。首建屯田之議，民賴其利。邊民有告機事者，與之款接，無所猜忌，故契丹動息皆能前知。後拜本州團練使，以輕脱生事，失守禦體，承矩求解邊任，遂罷之《一統》及《綱目》。

李允則，景德初，真宗以契丹新定和議，雄州之守難其人，召宰執議之。宰執首舉允則，群臣咸謂當其才也，遂有是命。明年，始置河北沿邊安撫使，即以允則爲之。允則在雄十四年，河北既罷兵，治城壘不輟。虜主問其相張儉曰：『聞南朝尚修城備，得無違誓約?』儉曰：『李雄州長者，不足疑。』既而，有以爲言，詔詰之。允則奏曰：『初通和，不即完治，他日有所頽圮，複安敢動?因此廢守備，臣恐虜性不可測。』上以爲然。城北舊有甕城，允則欲合大城爲一。先建東嶽祠，出黄金百兩，爲供器，道以鼓吹，居人争獻金銀。久之，密自撤去，聲言盗自北至，遂下令捕盗，三移文北界，乃興版築，揚言護祠，而卒就關城，浚壕，起月堤。自此，甕城之人悉内城中。歲修禊事，召界河戰棹爲競渡，縱北人游觀，潜寓水戰。州北舊設馬坑，城中起樓，爲斥堠，望十里。自罷兵，人莫敢登。允則曰：『南北既講和，安用此爲？』命撤樓夷坑，爲諸軍蔬圃，浚井疏洫，列畦壟，築短垣，縱橫其中，植以荆棘，而其地益阻險。因治坊巷，徙浮圖北垣上，州民旦夕登望三十里。下令安撫司所治境，有隙地悉種榆。久之，榆滿塞下。上元，舊不然燈，允則結彩山，聚優樂，使民縱游。明日，偵虜酋欲間入城中觀，允則與同僚伺郊外，果有紫衣胡人至。此夕，與俱入傳舍，不交一言，出妓女羅侍左右，劇飲而罷，且置所乘騾廡下，使遁去，即幽州統軍也。後數日，爲虜所誅。嘗宴軍中，甲〔一〕仗庫火，允則作樂行酒不輟。副使請救，不答。少頃，火息，命悉瘗所焚物。密遣使持檄瀛州，以茗籠運器甲，不旬日，兵數已完，人無知者。樞密院請劾其不救狀，上曰：『允則必有謂，姑詰之。』對曰：『兵械所藏，儆火甚嚴，方燕而熘，必奸人爲害。救之，事或不測。』又得虜諜，釋縛，厚遇之，諜因出所刺沿邊金穀兵馬之數。允則曰：『若所得謬矣。』呼主吏，按籍書實數與之。諜請加緘印。因厚賜以金，縱遣。未幾，繼至，還所與數，緘印如故。反出虜中兵馬財力、地理遠近，委曲以爲報。一日，民有訴爲虜人毆傷而遁者。允則不治，與傷者二千，衆以爲怯。逾月，幽州以其事來詰，答以無有。蓋他諜欲以毆人爲質驗，得此報，以爲妄，乃殺諜。雲翼卒亡入虜中，允則移文督還，契丹報以不知所在。允則曰：『在某所。』契丹駭，不敢隱，即歸，乃斬以徇，後無敢亡者。

蒙齋袁氏曰：『帥閫以真才爲重，以善謀爲主。有才而無謀，不足以爲真才矣。允則之守邊也，胸中之謀愈出愈奇。懼虜人疑己，而揚言護獄祠，修城築也；引水作石梁，聚舟爲競渡，寓水戰也；撤樓夷坑而植榆塞下，設險固也；上元舊不然燈，特結山張樂，使民縱游，陷虜將也；不救火災，密運器甲，以補所焚，安衆心也。此猶易能耳，未足以見其奇。虜遣間諜刺我兵數，而能使諜者轉爲我用，此一奇也；虜毆吾民，將以爲質，我能反其鋒而用之，又一奇也；雲翼卒伍之逃虜，以不知所在爲辭，而允則指言某處，運智如神，又一奇也。天下多事之秋，使閫外之

〔一〕甲，原文訛作『田』字，今據《宋史》本傳正。

寄者皆善謀如此，可以寬顧憂矣。雖然，設謀易，用謀難；自信易，爲上所信難。李牧縱匈奴數侵趙邊而終不肯出戰，謀則善矣，然其迹似乎養寇；陸抗與羊祜〔一〕邊境交和，謀亦善矣，然其迹似乎賣國。必也上之人寬洪大度，聽其所爲，而無掣肘之患，則謀成而功立。不然，信任不專，讒間入之，則所以撓其謀者多矣。予是以深取李允則之善謀，而又三嘆真廟之善聽也。

王勔，康定間爲經略安撫使，撫安雄州之地四十餘年《紀聖實録》。東坡《次韻王雄州還朝留别》詩：「老李威名八十年，壁間精悍見遺顔。自聞出守風流似，稍覺承平氣象還。但遣詩人歌杖杜，不妨侍女唱《陽關》。内朝接武知何日，白髮羞歸供奉班。」「老李」謂允則也。

湯懷敏，仁宗慶曆中内侍，治水有功。

耿南仲，高宗時爲節度副使。

金

李瘸驢，大安間權中都西路經略使，撫安雄州之地《郡志》。

張甫，貞祐〔二〕間封高陽公，鎮撫雄州《綱目》。

元

徒單公，皇統二年以昭武節度使撫安雄州。

完顔公，以昭勇節度使撫安雄州俱《均樂亭記》。

王齊曰：撫民之職，弗易稱也。兹若允則，固不可及矣。劉福、王勔，徵諸志，則曰「郡境寧謐」；徵諸詩，則

〔一〕祜，原文訛作「佑」字，今據《三國志》正。
〔二〕祐，原文訛作「佑」字，今正。

曰『承平氣象』。夫宋之雄，與夷狄爲藩籬，獲寧謐，獲承平，民其得所哉，惜乎史不及詳也。福耶，勔耶，其稱職耶。若承矩、懷敏阻水之功，又何能掩耶？曰瘸驢、曰甫、曰徒單、曰完顔者，夷狄之臣，宜略而不略者，有事地方，不容以盡略也。

又曰：《郡志》載五代王思同徙鎮雄州、武州，曹元忠爲歸義節度使。予按《五代史》及《綱目》及《一統志》，思同爲雄武節度使，注『雄武在墩煌故地，今秦州也』，亦無徙鎮雄州、武州之説；而歸義，注『亦在沙州』，况宋之歸義縣先已改歸信矣。二人之誤無疑，因削去焉。

【守將】

漢

公孫瓚〔一〕，伯珪，遼西令支人。獻帝時爲騎都尉，討漁陽賊有功。後殺劉虞，盡有幽州之地。恃其才力，不恤百姓。紀過忘善，睚眦必報，遂爲鮮于輔等所敗。因童謡徙鎮于易，築城自固，號『易京』。與武遂黑山賊張燕連結爲亂，後六年爲袁紹所破。瓚自焚死《綱目》及《後漢書》。

唐

劉仁恭，能穴地攻城，軍中號『劉掘頭』。初爲李匡威將，後奔晋。晋以爲幽州留後，取滄、景、德三州，請命于昭宗。昭宗不許，但以其子守文爲横海節度使。後朱全忠攻滄州，仁恭遂調境内兵屯瓦橋。復求救于晋，晋攻潞州，梁軍解去。仁恭幸世多故，窮奢極欲。子守光蒸其妾羅氏，仁恭怒，遂爲守光所執，隨滅於晋《綱目》及《唐史》。

楊仁晸，莊宗時爲魏博節度使。同光四年，將兵戍瓦橋。逾年，代歸，至貝州，部兵皇甫暉作亂，劫仁晸。仁晸不

〔一〕公孫瓚，原文爲陰文，今正爲加粗。凡爲陰文者，疑乃王齊否定者，即今所謂『有污點者』。

從，遂遇害。

趙在禮，以效節節度使裨仁晸戍瓦橋。脅于皇甫暉，反攻魏。及李嗣源即位爲明宗，徙鎮横海、泰寧、天平。所至邸店羅列，積貲鉅萬，人咸苦之，爲眼中釘，索拔釘錢。

王晏球，瑩之，洛陽人。初畜于杜氏，隨杜，後復姓。梁太祖選良家子之材武者，置帳下，號『廳子都』，晏球爲廳子都指揮使。後降于唐，莊宗賜姓名曰『李紹虔』。同光四年，與段凝、房知温將兵屯瓦橋。晏球有機略，喜撫御士卒。後爲招討使，大敗契丹兵，横刀弃甲六十餘里。中國之威大振，自晏球始焉。

段凝，初，妹爲梁太祖美人，故親信之。末帝昏亂，凝依附趙巖爲奸，通賄奪王彦章之功，遂代招討使。已而，梁亡，率精兵五萬降唐。復因景進納賂劉皇后，以求恩寵。莊宗賜姓名曰『李紹欽』，以爲泰寧節度使，將兵屯瓦橋。明宗即位，伏誅。

房知温，伯玉，兖州人。初爲隨軍指揮史，後莊宗賜姓名曰『李紹英』，將兵屯瓦橋。李嗣源反，知温首馳赴之。及嗣源即位，拜泰寧節度使。由是歷鎮天平、平盧、盧臺。在鎮厚斂于民，積貲鉅萬。後廢帝立，封東平王。卒，子彦儒盡獻所積，拜沂州刺史。

李彦饒，即符彦饒。同光四年，爲指揮使，來戍瓦橋。已發魏時，汴州軍亂，復還，討平之，始就戍。

楊光遠，德明，初爲莊宗騎將。明宗時爲馬步軍都指揮使，將兵戍瓦橋，以治稱。後晋高祖授宣武節度使，鎮平盧，封東平王。出帝即位，拜太師。謀作亂，召契丹入寇。出帝遣李守貞討之。其子承勛欲降，光遠不從，承勛劫而幽之，遣使奉表待罪，遂爲守貞所誅。召夷狄爲晋首禍，滅晋氏，瘡痍中國三十餘年，皆光遠基之也俱《綱目》及《五代史》。

宋

郭進，守雄州。太祖令有司造第於御階之東，賜之，使盡用筒〔一〕瓦。有司言非親王、公主，例不得用。太祖大怒，

〔一〕筒，原訛作『同』字，今據《宋史》正。

曰：『進爲我捍契丹十餘年，使我不憂西北，豈不比我兒女！』卒用之。宅成，以賜進。屢辭，乃敢受《石林燕語》。

劉延慶，宣和四年，屯雄州出《外傳》。

遼

姚内斌，爲契丹將，守瓦橋。後周世宗親征，遣趙匡胤先破關，内斌降之《綱目》。

周

陳思讓，周世宗以瓦橋新復，改爲雄州，命思讓戍之《綱目》。

焦贊：鎮瓦橋關《一統志》。

元

達朵兒只，元季以副樞據有雄州，以鄉人王成、杜茂爲團練、千户，作威濟虐，民不堪命劉德和墓碑。

國朝

楊松，革除年，以松爲都督總帥，率兵八千戍雄縣。後爲燕山副千户朱能執之，不屈而死。

潘忠，爲松副將，同時被執俱見楊士奇撰《朱能碑》。

王俊，永樂中雲川衛指揮。

王齊曰：仁晸節矣，松與忠正矣。夫爲將而正而節，炳炳琅琅，史册生光。君子不有取耶？若夫瓚、恭而下，及五代、金、元之人，賊也，叛也，虐也，貪也。夫以貪虐叛賊之徒而可爲將耶？直虎狼耳。是雖有晏球、彦饒之功，亦弗能自贖矣。他尚何辭哉！

【知州】〔一〕

陳

沈敦悦見《陳書·沈不害傳》。

梁

袁正辭，莊宗時拜雄州刺史闕。

宋

李緯，治兵頗嚴，不事厨傳。積公使錢，貯米三千斛爲常平。奏下其法他州《一統志》。

孫全興闕。

賀令圖，貪功生事，輕而無謀。太宗時令圖與其父懷浦首謀北伐，一歲之中，父子皆敗，天下笑之《綱目》。

高繼勛，時契丹獵燕薊，候卒報有兵入鈔，邊州皆驚，繼勛料其不然。已而，渤海人叛契丹，行剽兩界也《一統志》。

安守忠，嘗與僚佐宴飲，有軍校謀變，閽者倉卒入白，守忠言笑自若，徐謂客曰：『此輩酒狂耳，擒之可也。』人服其量《郡志》。

張利一，時遼人刺兩屬民爲兵，民不堪其辱，利一招徠之。有大姓舉族南徙，慕而來者至二萬，乃發廩賑恤之。

張昭遠，會大雨，陂塘大溢，昭遠勒兵築長堤，以捍其衝。

葛懷敏，恩信孚洽，賊不敢犯。改滄州，士民遮留，數日始得去。

趙滋，開封人。父士隆，邠寧環慶路都監，戰没。滋强力精捍，有智略，累立戰功，至於簿書米鹽皆有法。在雄六

〔一〕知州，此二字目録作『刺史』。

年，契丹憚之。官至步軍都虞候〔一〕。

劉兼濟，先是，有邊民避罪逃者〔二〕，契丹輒〔三〕納之。守將畏罪，不敢詰，兼濟悉移檄責還之。

楊應詢，善料敵。徽宗以歸信、容城兩縣弓手爲契丹所憚，欲增爲千人，或恐生事。應詢曰：『吾欲備他盜，彼安能禁我？』卒增之。

劉舜卿，善料敵。或告契丹游騎大集，不爲動。在雄六年，恩信周洽，著名北州俱《一統志》。

和詵，子美，嘗以事詣京師，鄭居中召與語而悦之，薦于徽宗。敷奏明暢，大契宸旨，進横階一等，俾還任。詵因上制勝轀遠弓，式極輕利，能破堅於三百步外，即邊人所謂『鳳凰弓』者。在雄十年，嘗阻伐燕之議，及於責。北事之作，未及用以死。蓋兩河名將云《桯史》。

元

郭成，在雄以功遷防禦使，踈財利施，襟度坦如《郡志》。

陳奉訓，號止善《均樂亭記》。劉因有《贈雄侯陳止善》詩：『久被邦君撫養慈，野人無路識風姿。願將明日甘棠咏，用續諸君止善詩。』

【同知】

元

牛承事《均樂亭記》。

〔一〕 候，原文訛作『侯』字，今正。

〔二〕 逃者，原文此二字倒乙，今據《雄縣鄉土志》正。

〔三〕 輒，原文訛作『輙』字，今據《雄縣鄉土志》正。

【判官】

宋

黃懋，閩人。同承矩治屯田，興水利，詔發諸州鎮兵八千，給其役，後果有功。

【吏目】

元

王欽禮，子敬，任丘人。以詹事院署書轉雄州吏目。州當南北衝要，號爲繁劇，卒以才識明決服其同僚。後調南皮尉。

王齊曰：宋分命朝臣出守列郡，號權知州軍事，則宋之知州不可謂不尊且重矣。而雄獨與夷狄爲唇齒，使守非其人，則兵民俱禍矣。今求之史册，若緯與昭遠之惠愛，懷敏、兼濟之威信，利一之招徠，滋、詵之才能，其他專對料敵，亦皆各盡所長。是以邊境靖安，士馬休息，契丹累世不敢南窺者，雖曰寇準澶淵之功，要亦有宋置守之稱也，雄其多得哉！

【知縣】

宋

李成，爲歸信令見《人士》。

金

馬諷，爲歸信令。境内有河曰『八尺口』，每秋潦漲，溢害民田。諷視地高下，疏决之，其患遂息《一統志》。

元

王時可，至正間知歸信縣事，兼管諸軍奥魯，勸農事作《均樂亭記》。

國朝

程九鼎，括倉人。洪武初任。時縣久汗腥膻，榛莽弗治，九鼎草創開闢，百務修舉，儼然一都會也。德遠政湮，今弗克見。但廨宇間隱隱有九鼎字者，父老相傳，以爲首功。且稱其鑒識不凡，於板築中見劉觀兄弟頭角秀起，知爲非常人，遂遣就學，卒如其言云。

劉岩楠，名字不傳，亦不知何許人李延興《贈雄侯劉岩楠》詩：『縣齋寂寂遠塵氛，草滿園扉翠欲曛。日轉棠陰侵席過，風迴琴響隔花聞。水分九派通滄海，地擁三關壓紫雲。河朔近來爲令者，路人争道不如君。』

周士瞻，松江人出《雪舫齋記》。李延興《贈士瞻早起》詩：『五鼓頻催漏點殘，三年清苦笑倪桓。銀燈出院秋光静，彩仗穿花曙色寒。腹稿千篇登錦帙，心旌萬里照金鑾。修名要出龔黄〔一〕上，不數仙家九轉丹。』

張恭，桃源人，永樂間任闕。

朱耀，嘉定人闕。

趙魯，本縣人《報效》。

常毅，黎陽人。宣德間任。毅廉勤恭慎，志在恤民。亦嘗新〔二〕學校、修〔三〕祭器云。

〔一〕龔黄，汉循吏龔遂與黄霸的并稱。亦泛指循吏。

〔二〕新，《雄縣鄉土志》作「修」字，當是。

〔三〕修，《雄縣鄉土志》作「新」字，當是。

汪善，正統間任闕。

曾偉《郡志》。

秦紘，世纓，單縣進士，授御史。天順間，以言事外補。紘剛毅嚴明，公廉勤慎，政教兼舉，境土肅然。公庭晝静，里甲咸放歸治農，而吏胥得以讀律，門皂各執藝以供食。暇即召集諸生，親爲講解。時大旱，祈雨而雨，紘獨立雨中，既足乃退。後忤中官，逮繫于京者，再矣。雄之旄倪幾千人伏闕請貸。聖朝宥之，民至今思慕不忘，且能詳云。後仕至户部尚書，兼左都御史、太子太傅。謚襄毅公。

周嵩，宣城舉人。

曹文昌，代州舉人。

邢廷禎，金華人。由明經，成化間任。

李序，混源舉人。

劉傑，沁水舉人。傑剛方勇略，不畏强禦被民董繼宗告，調任。

王夢賢，良弼，夏津舉人。弘治間任。夢賢廉而勤，公而不阿。其律己也正，而御下也寬。才思敏達，政治有方，修廢舉墜，百務皆興。撫按君子稱其有王道焉。後升大興尹。窮鄉父老至今耿耿言夢賢不忘。

雷子堅，綏德舉人。

党琛，同州舉人。

劉英，掖縣進士，由束鹿令調任。英剛直明敏，慷慨敢言，禮士愛民，令行禁止，民亦稱便，升知州云。

陳言，長樂進士。言德量淵弘，制行謹厚，工書能文，至剔蠹弊、毁淫祠尤力焉。時久旱，民皇皇然。言蓬首跣足行禱而雨，民賴以安。未久，以外艱去。後升監察御史。

方謙，祁門進士。正德間任被民侯舉告去。

杜珝，濰縣舉人。珝沉静簡默，勤恤民隱，人咸愛慕之。尋以憂去。後升監察御史。

陳珍，祁門舉人。

王顯，長安舉人。由保定教授升任，後調萬泉。

李仁，朔州舉人。

解汶，汶水舉人。後調慶雲。

章冕，遼海衛監生。自新安調任。

馬紀，直卿，鈞州進士。紀廉能勤慎，明敏公平，賑恤流亡，醫濟瘟疫，省約浮費，芟刈豪强，罔不各得其當，而作新學校、勸課生徒，則尤爲加意。故士心歸向，民亦允懷，而旁邑之訟獄者日争趨焉。尋升監察御史。

易鴻，冲霄，固始舉人，嘉靖初任。鴻嚴于惡惡，樂于善善，蓋公而明、廉而威者也。持身臨事，不徇不阿。斥僧道，毁淫祠，興學校，恤貧士。事集而不擾，惠洽而不費。秋水浸縣南路，鴻建橋築堤，塗者稱快。民間婦有不孝者，立誅於市，風俗一變，奸宄凛然，士民罔不悦服焉。甫三載，以勤勞卒于官。卒之日，無以爲斂。百姓如喪考妣，上下咸贈賻之，至今猶藉藉然，曰：『易父母！易父母！』鴻逢迎雖拙，撫字實勞，有永譽焉。

梁致讓，德州舉人。以捕盗功升平凉通判。

蔣銘，莊浪衛人，貢生。

張佐，保德人，貢生。

謝九儀，君賜，號少溪，章丘進士。九儀温厚端嚴，廉能勤慎，禮賢下士，吏畏民懷。興學校，崇節義，裁冗費，懲奸貪。六事允治，百廢俱新，三月而政成。才思敏拔，尤工于詩文焉。甫七月，以宏才大器，遂調德清。士民咸爲借留，不可得也。少華許公嘗稱九儀『金鐘翠釜，瑚璉圭璋』。今廣東道監察御史。

鄒騋，武進監生。

楊雲，洛陽舉人。三月而卒，善弗克施焉。

王子麒，仲郊，號魯西，汝南人，儀衛司籍舉人。今任。

王齊曰：今之循不循，民之治亂關焉。是置令親民，不可不慎；而令之稱，亦難矣哉。雄在國初，史闕文，文不足徵也已。齊廣詢博訪，聞之雄中父老，其稱治者咸曰：『紘，一治也；夢賢，一治也；紀、鴻，同一治也；九儀，一治也。四治之餘，若九鼎之治，世遠莫詳；若毅之介、英之果、言之惠、珝之平，亦可以令稱矣。而子麒之治，亦懋前聲。其他弗聞也。』嗚呼！邑之治，令之循也，百七十餘年僅若人而已。令之稱亦難矣哉！齊弗敢罔、弗敢蔽，用述雄人之言，以信天下、詔後世。

【縣丞】

國朝

張輻，本縣人《報效》。

高厚，山東人，成化間任。

羅思綱，四川人。

王瑄，臨朐人，吏員。瑄有才幹，嘗修文廟。

苗鳳，延津人，弘治間任。

施信，黄嚴人。

田泰，尉氏人，正德間任。

王輔，樂陵人。

孟佑，鹽城人。
魏應和，咸寧人。
彭錦，大同人，嘉靖間任。
王俸，遼海監生。俸，平易人也。
許輔，臨淄監生。
李榮，沁源監生。
胡璟，武定監生，今任。

王齊曰：雄之丞，僅若人而已。視夫令，不及夫三之一，何寥寥耶？無他，才則傳，弗才則弗傳也。弗才而傳者，近也。若瑄之才幹、俸之平易，雖欲久而弗傳，得哉！

【典史】

國朝

李文友，正統間任。
宋盛，膠州人，成化間任。
蔣貫，湖廣人。
李輔，昌邑人，弘治間任。輔有才幹，工書。
蔡剛，東平人。
崔綸，東河人。

吴章，江陰人，正德間任。
李從寬，巴縣人，從寬，能吏也。
胡廣，山西人。
周鼐，安化人。
章璧，宣城人，嘉靖間任。
馬思讓，恩縣人。
辛鋭，霍州人。
董永寧，定襄人，今任。

【教諭】

國朝

馮盛，蒲州舉人，永樂間任。
王鸞，太和舉人，景泰間任。
蕭琮，大同舉人，成化初任。琮心地光明，勤于啓迪，士子恒稱頌之。
鄭玠，巴縣監生，玠條教嚴明，學亦稍稱。
袁明，嘉定舉人，弘治間補任。
王繼禄，天錫，洛陽舉人。繼禄光明純篤，廉静勤慎，博學士也。時雄久乏科第，繼禄鋭志立教，無間暑寒，日督課程，量才求進，雖柔退不立者，亦所不弃。是以蘇、袁、趙、吴〔一〕，英豪彙進，皆其造就。雄之人亡少長貴賤，亡不重王先生者，至今猶綣〔二〕綣追慕不忘，言之有泣下者。若繼禄，可不謂恩義兼盡，文行并立，足稱師範者耶？九載考績，升青州推官，以吏事非其所長，退老寡合，卒貧于家云。

鐘昕，南海舉人。昕，純篤勤慎士也。升福州通判。

何勖，陳州貢生，自香河升任。勖學政修明，志行高潔，而啓迪有方，才識亦稱，士子賢之。

魏綸，理之，利津舉人。綸少年博學，雅量俊才，尤工於詩文。正德間以禄養來署學事，條教嚴明，勤于勸課，身以孝弟相率，故無賢不肖，皆知向上。自繼禄之後，而文風再振，至今稱之。時流賊猖亂，綸上十事，多見施行，朝野重之。丙子典文湖湘，甫還，召拜南京工部主事。

許珊，寧陵貢士。

揑經，河州舉人。經，正直爽慨人也。立身教人，各有法度，生儒咸安之。升平鄉令。

劉禄，沁水貢士。

王齊，元修，號鏡堂，貫江西豐城人，河南新蔡籍舉人，宋内翰禹偁之後，嘉靖八年任。今任丘知縣。

李鷺，滕縣貢生。前内丘知縣。今任。

王齊曰：雄之多士，固不待文王而興。然廉頑立懦者，亦不可少。是故雄庠自王洛陽之一造，士氣一變；魏利津之再造，士風再變。乃今英雋者知文學，純厚者知廉耻，冠蓋楚楚，科弟繩繩，皆王、魏之遺澤也。嗚呼！典教如王、魏者，幾何人哉！槐陰閣筆，斂衽長思。

〔一〕蘇袁趙吴，指蘇琰、袁宗儒、趙循、吴光世。
〔二〕綣，此字各種字書未收，疑爲『眷』字之异體。眷眷，愛戀也。眷眷不忘，指眷戀不已，難以忘懷。

【訓導】

國朝

王傑，正統間任。

陳瑞，嘉定人，由經明行修科，成化間任。人言瑞不愧是科云。

蘇瑁，濱州貢士。

張俊，儀真舉人。

甯振，孟津貢生。振孤介寡合，而啓迪有功焉。

周奉闕。

劉福，章丘貢生。

王定，陳留貢生，弘治間任。

李儀，鄭州貢生。儀立教惟寬，行亦可取。

陳佐，益都貢生。

胡詢，陽穀貢生。詢方直不苟。

毛炳，高密貢生，正德間任。炳，剪剪如也。

冉嵩，温縣貢生。嵩，忠厚人也。

陳訓，莒州貢生。

張榮，潛山貢生。榮志行足稱，詩文可取。

項鎮，登州貢生。

解以德，壽光貢生，嘉靖間任。升吉州學正。

段紳，利津貢生。

楊龍，洛陽貢生。

王世臣，以忠，夏津貢生。升真定縣諭。

張若虚，洵陽貢生。今任。

王齊曰：訓也，如陳瑞之風範，甯振之清高，胡詢之方正，張榮之學識，及今之仕，咸耿耿焉。諒哉訓之賢也，其何能掩耶！

【使臣】

宋

歐陽修，《使遼初至雄州》〔一〕詩：『古關衰柳聚寒鴉，駐馬城頭日影斜。猶去西樓二千里，行人到此莫思家。』西樓，遼上京也。

彭汝礪，《使遼至雄州》詩：『馬頭今日過中都，得到雄州更有書。道路莫嗔音問少，天寒沙漠雁全踈。』

沈文通，《使遼還雄州》詩：『濟濟新聲出禁潢，邊城一聽醉千觴。明朝便是南歸客，已覺身依日月傍。』

曹利用，景德元年，契丹請盟，寇準以利用往，許銀十萬兩、絹二十萬匹，定和議于狄夏頭，以白溝爲界河。

〔一〕《使遼初至雄州》，《宋詩鈔》題作『奉使契丹初至雄州』。

馬某[一]，廉訪使[二]者，號茆齋，閤門宣贊舍人。先是，童貫遣張憲、趙忠賫書遺燕王，王斬之。又使趙翊差使臣譚九殿直等説易州土豪史成起兵獻易州，史成送燕京，斬之。宣撫司知游説不行，遂遣种師道進兵壓境，問罪。募馬以往。馬有膽氣口辯，與館伴蕭夔抗論不屈。燕王召李處温議曰：『女真騎據西京，大宋重兵壓境，與大金夾攻。朕觀天時人事，不敢當此寶位，欲稱藩南朝，同保血屬。』言畢嗚咽流涕，處温亦爲之泣下，遂遣秘書郎王介儒來雄州，居二日，以客禮見。童貫作報書，以鐵騎送歸。嗚呼！使于四方，不辱君命，茆齋有焉出《外傳》。

趙良嗣，宣和五年，如金議和。還至雄州，以金書遞奏，王輔欲功之速，乃請復遣良嗣自雄州復如金，許以歲幣，卒成和議。金主許以燕京及六州來歸。

張叔夜，爲簽書樞密院事，勤王弗克。從淵聖北狩上，道不食粒，惟飲清湯。至白溝河，御者曰：『過界河矣。』矍然而起，仰天大呼，扼吭而死。吕中曰：『虜再犯闕，勤王之師一無至者。叔夜以孤軍入衛，其忠已足稱。及北遷，不食其粟，不入其境，則始終之義無憾矣。』

文天祥，以少保、樞密使、信國公勤王弗克，有厓山之敗。元張弘範遣使護送天祥赴燕。《渡白溝》詩：『昔時張叔夜，統兵赴勤王。東都一不守，羸馬遷龍荒。適過白溝河，裂眦[三]鬚欲張。絶粒逌不死，仰天扼其吭。思公有奇節，一死何慨慷。江淮我分地，我欲投滄浪。滄浪却不受，中原行路長。下車撫梁門，上馬指樓桑。戴星渡一水，慘淡天微茫。行人爲我言，宋遼此分疆。懸知公死處，爲我出涕滂。我死還在燕，烈烈同肝腸。今我爲公哀，後來誰我傷？文武道不墜，我輩終堂堂。』

[一] 馬某，據《三朝北盟會編》，當作『馬擴』。
[二] 使，原文脱此字，今據《宋史·職官志》補。
[三] 眦，原文訛作『髭』字，今據《畿輔通志》正。

國朝

陳復初，革除年，以禮部侍郎監曹國公李景隆軍大戰于白溝河。景隆恃位自驕，罔諳兵律，至于敗績。公見勢不可支，從容具朝服，南嚮百拜，曰：『臣力竭矣。臣事去矣。請見先帝于上天，訴景隆也。』遂躍馬入于河，死之。出何孟春《備遺録》。

王齊曰：使臣若無與于雄，弗乘亦可也。夫以張、陳之死節，文山之正氣，歐陽有《采薇》之風，彭、沈得《四牡》之體，若曹、若馬、若趙，皆能抗義直言，不辱君命，篇章與江河同沛，忠義與日月争高，炯炯燁燁，于雄有光，如之何其弗乘耶！

【流寓】

元

李繼本，延興，號一山，貫河南人，北平籍，乃承旨楚國公彦聞之子。繼本幼年博學多才，登王嗣宗榜進士，授太常奉禮兼翰林檢討。元室弗靖，隱教雄邑，所至輒有題咏，故永新劉克彦評其文曰：『豐而實，直而通；引物連類，據經援史；鏗鏘振發，曲折窅如；抑揚收縱，變化多端。卒于仁義道德之歸，而規矩不逾也。』有《一山濟美集》行于世。

人士第八

《乘》曰：畿甸首化，川嶽效靈。造俊生才，立功贊業。忠貞義烈，光啓後先。命世名時，日昭星紀。淑慝孔明，從違是紹。

【仕籍】

元

焦簡，德裕子也，餘姚知州。

焦潔，簡之弟也，信州治中俱《一統志》。

何源，巨川，歸信人。源性質端慤，愛好人倫。弱歲通儒業，及長明習法律。由高堂都目轉知長信，司幕府事。秩滿，調盧州路經歷階承事郎。盧府密邇風紀，職總案牘事務之繁，號稱不易。源小心謹畏，明練修至，故雖久處劇任，卒能以幹敏爲時稱道。源起身白屋，得與縉紳之列五十餘年，以老致仕，累階承直郎、保定路總管府判墓碣。

董志，于道，龍華人。志性穎悟，甫弱冠諳經史，尤精律學。始自崇祥典書，就充本院宣使，三遷授繕工司大使，復擢本司照磨兼提控案牘。志筆鋒動而文思雅如，聲動臺閣。二轉授直樞密院斷事。雖邊差之煩，儲兵之大，照見千里，無不嚮應。朝廷知其才，超遷奉訓大夫，復升大興尹，兼管諸軍奥魯，勸農事。縣居輦轂，事煩訟劇，剖决有方，不勞而治。又歷二任，升朝列大夫。不侮矜寡，不畏豪强，威振京華，發摘有功。將大用，志以疾告歸。至正間，復遷朝請大夫，監都安肅。未及半載，政聲四達，人咸以良有司目之《神道碑》。

王齊曰：焦氏闕矣，何源能矣，董志明矣，世遠言湮，不能詳述，或考於墓石而已。石而可信，何、董亦表哉。又曰：舊稿載五代劉昫爲雄人，自端明殿學士拜相。今考之《一統》及《郡志》俱無，而《五代史》亦不曰雄人，但稱「以問〔一〕學知名燕薊間」而已，闕之以俟。

國朝

劉觀，榮觀，人和人。觀豐儀奇偉，天性穎悟。幼爲程令所知，長從李延興游。登進士，授太谷丞，召拜監察御史，升僉都御史。後出守嘉興，嘉興稱治。尋丁外艱。永樂初，詔訪耆舊，奉命起復，除户部侍郎，轉副都御史。時肇建北京，命觀鳩木于浙。先是，所司懼不如數，恐獲罪，往往誇功利，飾虚文。觀至，盡革其弊，事不後期，因是全活者累千萬人。後升禮書尚書。未幾，凉州羌叛，摇毒西陲。太宗命觀以刑部尚書督將臣往征之，羌戎授首，群醜就殲，椎髻襁負而至者萬二千餘，西土以寧。凱還，遷左都御史。時雄屬畿内，尚爲雲川軍所擾，奏遷白楊口，鄉里至今安之。官至太子少保。羅修撰汝敬謂公「身事四朝，德隆師保，忠信弘毅，爲時名卿」。故一時聞望如曾棨、金幼孜、周述、程南雲、沈度，各有稱述，兹不及詳云。

王齊曰：鄉人言，太宗朝，觀嘗攝政四十八日。決死刑，刑者伸手，有「黄金二千兩」字，觀即截其手以進。太宗皇帝嘉嘆者久之。夫攝政却金二事，甚尊且美，當時諸老全未之及。齊弗能傳疑，姑述其略，以見公之在朝，朝廷重之；在鄉，鄉人德之。修撰稱其「忠信弘毅」，其有所試哉。

〔一〕問，《新五代史》作「好」字。

仲閔，希曾，人和人。閔早穎悟，善屬文。以舉人授淮安同知。明敏剛果，人不能欺。富陽趙公新以吏部行便宜事，識閔才器，薦守鳳陽。閔政務簡易，至驅逋盜、釋死冤，則數數見稱，旱蝗河疫不能爲灾，以故當時元老若高穀則曰『龔黄獨步』，苗衷則曰『豈弟君子』，咸爲之立德政碑，以示美焉。

侯瓚，奉璋，保寧人。登進士，授户部主事。奉命視湖廣饑，奏免税糧八十餘萬石，民困以蘇。歷員外郎，出守鳳翔。下車即賑濟流移，全活者衆。九載，升山西參政，進光禄卿，轉右僉都御史，巡撫甘肅。初，衛所以虧拆芻糧，指揮以下經年系獄者八百餘人，瓚命各償其半，數日盡釋之。時有哈密之變，瓚召赤斤、蒙古二衛，授以方略，克復八城，俘馘千五百餘，不自有其功。兵部奏聞，降璽書嘉諭。及戰勝邊虜，兩錫銀幣。繼升兵部右侍郎，改南京禮部，轉户部左侍郎，遷南京工部尚書，轉兵部，參贊機務。數懇致仕，進階榮禄大夫。公性稟剛介，踐履篤實，不妄言笑，尤慎交游，最名有家法。歷官若干年，儉素自如，甚惡求謁。子弟稍服華靴皂，輒呵禁之。凡經不明，不得舉進士，以故詩禮源源，咸稱其家兒云。

鄭襄，廷贊，義和人。以舉人授鳳陽通判。襄公勤廉静，撫字有方，招撫流移，全活者衆。居六載，兵民咸保留之。以疾歸，鳳陽民至今稱之。

侯觀，仕賓，瓚之季子。登進士，授登封令。勤恤民隱，耨剔宿弊。邑有豪猾世濟其惡者，觀廉得其情，亟治之，積惡頓除。時大旱、疫，觀禱于中岳，願以身贖，既而咸蘇，歲且大熟。部使者以治行异等交薦，以瓚例不得爲科道，授户部主事，進員外郎郎中。歷十七載，始升南京太僕少卿。念榮禄公年老留京師，懇乞終養。越二年，丁外艱。起復改太常少卿，升户部右侍郎。時内外盜起，俱命觀兼左都御史，理軍餉，有白金文綺之賜，轉左侍郎。武宗北巡，復兼憲職，往從。班師，賜緋魚衣三襲，蔭一子世官。升尚書，四乞休致，乃得。卒，賜太子少保。其少師楊廷和爲作墓表，謂公『孝友天至』。榮禄府君性嚴厲，公委曲承順，無少忤。晚年服金紫侍側，終日無惰容。事兄泰如父師，撫養諸子侄若己出，待宗族有恩義，且篤於故舊，鄉人來謁者，雖田夫、後進亦遇之以禮。於戲！若公之德業，真可以起頑懦而敦薄俗也夫！

趙循，宗禮，豐樂人。循言動真實，仁厚不争，人固犯之，亦不能詈人。事父母有古孝子風。中鄉試，授淮安同知。其《淮安志》云：『循勤政愛民，廉慎不苟，清理兵伍，尤所用心。』

韓竑，人和人。貢生。仕至應州學正。竑經明行修，剛方正直，有古人風度，故所在學者咸宗事之，而子姓亦克稱焉。

王齊曰：齊觀雄之往哲，若少保公固磊落矣；若司馬公廉貞之風，當直與少保媲美而家法過焉；至如司徒以孝友著，鳳陽以聞望稱；若襄之思，若循之厚，若竑之毅，亦又皆章章如也，于雄不有光耶！惟諸往哲，齊嘗聞之袁公司徒、蘇公太守、王公別駕者，備矣。夫人有言位高者，言傳德盛者，言傳三公者，皆雄之望，故其言可傳也已，齊何敢軒輊于間哉。於戲！雄山匪高，雄川匪深，惟二三君子，斯爲雄之名臣。

又曰：語云『蓋棺事始定』，故于今之君子行業有弗録者，俟也。知我罪我，其在兹乎。

【武功】

宋

趙振，歸信人。景德中隰州兵馬監押，積功累遷龍神四廂都指揮使，歷知數州，終佐神武軍大將軍。振剛强自負，喜謀畫，輕財尚氣，衆樂爲用《一統志》。趙珣、趙瑜，皆振之子也。咸工騎射，仕至顯官。瑜弟璞亦知名。

李成，歸信人。建炎時弓手也。素寡言笑，重然諾，譎詐不情。有膂力，提刀重七斤，能左右輪弄。以驍勇聞于河朔。有衆數千，假行仁義，能以甘言撫士卒，故亦能得衆心。累功知歸信縣。雄州失守，成妻子在城中，爲亂兵屠戮。成率其衆救萬人，各扶老携幼，渡河來歸。朝廷授以右武大夫忠州防禦使，充京東河北路都大捉殺使。朝廷慮其衆太盛，命分二千人往南京，一千往宿州，把截糧道，餘衆令押赴行在。成遣部將史亮者，統所分之人行。亮至宿州，輒剽殺居民，焚汴河橋。成躡其後，逗留不進，以陶道士子思相術所誑，遂生异謀。朝廷得其奸，命光世追討。至光州界，剿殺平蕩無餘，成僅以身免。初，光世許得成者以成官爵予之，士奮命争奪，故人得其秘篋與所用提刀云。

金

焦用，世用，贊之後也。用性慈孝，勇而力，智而謀，果敢而有禮。仕金，以戰功授束鹿令，升千户。守雄北門。元兵至，州人開南門降，用猶力戰，被獲。世祖壯其人，以爲忠，釋之。復其官，命徇山東，未嘗妄殺一人。及迴，遮道泣謝者蟻集。後值凶荒多盗，城門晝閉，餓殍塞道，用推食食人，全活者衆。卒，贈中書左丞，謚正毅墓表及《一統志》。

元

焦德裕，用之子也。德裕通《左氏春秋》，有才辯，善騎射。金將武仙敗走，其黨保仙故壘。太宗使德裕招降并擒殺之，其地遂平。累升都元帥府參議。後從征鎮江焦山寺，僧誘居民叛，阿术既誅其魁，欲盡坑其黨，德裕諫止之。卒，追封恒國公，謚忠肅《一統志》。

殷伯宗，歸信人。少有勇力，膽略過人。年十九，從軍平江南，有先登陷陣之功，得告身充彈壓勾當。至元八年，從劉元帥征和林，復有功，授忠顯校尉，錫銀符武衛親軍百户。卒於官。

殷圭，伯宗之子也。襲授敦武校尉，職如故。泰定間供給軍需，升忠翊。元統二年，兼領倉事，糧儲增羡，褒昭信校尉武衛親軍百户。

殷守中，圭之仲子也。嗣忠翊校尉武衛親軍百户。守中讀書知義，篤於孝彝，負幹濟之才，府中稱其强敏。

國朝

田莊，洪武末，以武功授保定後衛千户。孫珣襲職。正統間，北虜入寇，祖孫殊死戰，不勝，俱亡。珣喪其元，歸葬東侯留村，子姓遂絶，而褒贈之典不與焉。

劉恭，少保觀之弟也。永樂初，爲朱能嚮道，襲破雄城，累功升懷遠將軍，世襲指揮。

王齊曰：趙氏、焦氏、殷氏，世濟厥美矣，無論也。田莊，節矣，奈何無後。劉恭，雜矣，而子孫落落也，不亦宜乎！

【孝子】

元

王庸，伯常，利人人。母李氏有疾，庸夜禱北辰，叩頭出血，疾愈。後母卒，哀毁幾絶，露處墓側，旦夕悲號。一日，雷雨暴至，鄰人持寢席往蔽之，見庸坐卧之地獨不沾濕，咸嘆异而去。復有蜜蜂數十房來止其家，歲得其利，以供祀事。有司遂以孝聞《孝順事實》。

【義士】

元

董得禄，景福，歸信人。得禄喜施好禮，耕則讓畔，佃則市租，里閈以善人目之。院有古井，傭人浚治之，其錢盈窟。公曰：『生子願忠孝，安用阿堵物耶！』遂舍不治。至於嫁娶孤幼，存恤流亡，置義塾以教其鄉人，皆有成立，迄不責其報焉墓碑。

劉德和，觀之父也。幼知讀書，通大義，孝友姻睦，發於天性；而賦質剛果，疾惡如仇。元季，雄遭達朵兒只之變見《守將》，有二十三人轉徙他邑，捕獲將斬以徇，德和力辯其無辜。既辯，則已戮其一矣。歲丁火歉，人擷〔一〕草剥樹以食，相枕藉死。德和乃漁易河，取廩糜雜烹之，以給餓者，凡活數千人焉墓表。

國朝

胡斌，人和人。洪武末，我雄有東門之變，枕骸蔽野，陰雲鬼哭，野無居民，途者心悸。斌素仗義扶危，憫窮悼屈，一見黄沙白骨，心甚惻然，荷荆筐往瘞之，雖被霜露、冒星月，亦所不憚。越六旬事竣〔二〕，男女各爲叢冢于西門外，至今胡氏子孫歲持麥飯洒焉。知縣九儀嘉其義，祀之。

蘇景，鳳翔守琰之祖也。傳云景善刑名，多陰德，恒生其人而不責其報。一日，其子出牧得遺金，景命往候之。失金者果奔號而來，遂驗還之。隱德弗耀，人多罔聞。後琰登第，咸以爲陰德之報。

李恒，仲常，諸生也。博學高才，貧苦亦稱。一日早出，拾白金一袋，亟還，候於門。少頃，有吏人王振者呼號狂顧。恒詢之，乃失柴夫銀一百八十兩也。恒即俾之，封識宛然。臨貢而卒，卒之日，無以爲殮。今其子緒，亦諸生焉，貧窶尤甚，不知天之報施善人將何如耶！

王齊曰：孝義，大節也，予奪弗可妄也。庸也，史存焉。斌也，塚存焉。昭昭烈烈，與天地相爲悠久，故少溪祀之，以觀法于雄，望其祠宇，有不興起者耶！若董、劉徵諸墓石，蘇、李出自人言，要亦不可闕也，附之。

〔一〕擷，原文訛作「襭」字，今正。
〔二〕竣，原文訛作「餕」字，今據康熙《雄乘》改。

【節婦】

元

李氏，三臺鄉渥城簿增昌之女。夙喪父，家貧，事母。李氏氣稟醇正，不事容冶。及笄，嫁雄州民劉甫。年二十而甫卒。有子曰英，方五歲，誓不再適，采薪拾穗，紡績自存，護持其子。劉氏不亡，李氏之力也國史編修李德原志。

國朝

李氏，馬贇妻也。年二十有六，贇卒，撫其二孤守節。時永樂初，兵亂，父母不堪其憂，欲奪其志，李以死自誓。勤儉紡績，以訓其子曰馴，中永樂二十二年鄉試。李年逾七十有二，如一日。有司以聞，詔旌其門，曰『貞節』。

王氏慧聰，縣丞大本之女，庠生胡謙妻也。年二十而謙卒，孤文進甫月餘。舅姑憐其貧，欲奪之，不可。撫孤成人，娶劉氏，生孫，未周而進亦卒，遂名其孫曰『節』，蓋勉劉以節也。節九歲又卒，劉遂改節。一日歸省，携禮置之炕，王見而怒，杖逐之，遂拆其炕曰：『毋汙此土也！』貧嫠六十餘年，貞操如一。有司具實以聞。

胡氏妙全，劉鳳之妻。胡，節婦之女也。年十有九而鳳卒，孤宗銀甫三月。胡素聞母訓，通《孝經》大義，不幸遭此，願死以從者數四。母諭解之，乃止，曰：『忘夫，非貞也。弃孤，非信也。背親，非孝也。吾如吾母，可矣。』遂閉門紡績，養姑教子，每當令節，輒不飲食。里人聞其哭聲，咸爲之罷慶賀。孀居五十餘年，遭子不肖，貧窶尤甚。有司奏聞，詔旌之。

費氏，通判燦之女也。適恩生侯巽，生説，方六月而巽故。時費年十有九也。孀居四十年，教説成人。費始故，遇今上皇帝崇獎節義，例及死者，有司上其事，亦旌表焉。

張氏，進福民梁廣妻也。年十七適廣。越十年，廣卒，哀痛幾絶。育遺腹子大安，娶蕭氏，年十有八，生子幹，而大安亦卒。明年，亦得遺腹子棟。鄰嫗或以年少勸之，蕭撫嬰慟哭，曰：『汝不知吾爲節婦婦乎？爲節婦婦而失節，縱不愧人，獨不愧我姑耶！』嫗愧而退。乃共歷艱難，終無异志。今張年七十有七，蕭亦五十有五，遠近親疏，稱無間言。齊嘗以聞，臺署未得報云。

楊氏，年十有七，嫁進福民尹章。甫四月而章卒。尹族或利其有，諷之他適，氏泣誓曰：『寧死無二心也。』撫遺腹子景暘，娶婦王氏，生三子。至三十有一，而景暘亦卒。今楊年七十有六，王亦年五十有七，白首同孀，始終不渝。人或問章之貌，楊想像者久之，但涕泪交下，亦不知其似云。

王齊曰：文山謂『光嶽氣分，士無全節』。嗚呼！士且難矣，尚何望于閨人耶？若王、胡之母女，梁、尹之姑婦，以及李、費諸媛，孤身雙節，烈烈休休，是真有士行，直可以敦風教而激習俗者也。吾恐縉紳之列，不獲多讓。又曰：齊嬰歲孤貧，内外寡依，獨鞠于先母氏。母氏苦節十有九年，不及見不孝之苟存。又不才不能爲母氏作傳，且爲王孝子立祠，齊不孝孰甚焉！於戲！樹欲静而風不休，子欲養而親不待。三復流涕，罔極何言！

選舉第九

《乘》曰：國家啓運，科貢肇修。藴德抱才，乘時奮翼。輔國樹功，异軌同途。名哲雖湮，碑板孔烈。次第通考，顯蝕靡遺。先進風流，後生龜鑒。

【進士】

國朝

洪武乙丑科：劉觀。

景泰甲戌科：侯瓚。

成化戊戌科：侯觀俱見《仕籍》。

甲辰科：侯泰仕嘉，瓚之伯子也，刑部主事。

弘治己未科：蘇琰廷珎，號雄山，豐樂人。登進士，任蘭溪知縣、蘭州知州，升户部員外郎中，仕至鳳翔知府。

正德戊辰科：袁宗儒醇夫，號静庵，殷福人。登進士，江西道御史、大理寺丞少卿、都察院僉都御史，今南户部侍郎。

嘉靖壬辰科：何思慎之，魯之子也。初知襄陵，今工部主事。

【舉人】

元

至正時一人：趙元卿。

國朝

洪武時一人：甲子科，劉觀見《進士》。

永樂時九人：乙酉科，史簡進福人，徐溝知縣、張肆代州同知；辛卯科，蔡榮人和人，金縣知縣；甲午科，馬馴人和人，岳州同知；丁酉科，潘綱豐樂人，御史、張翔衆安人。臨清訓導；癸卯科，仲閔見《仕籍》、張翺翔之兄也，常州通判。

宣德時三人：丙午科，楊聰進賢人，三原知縣；壬子科，鄧亨福順人，刑〔一〕部主事、馬馴賓興人，南國子助教。

正統時二人：戊午科，王章人和人，濟陽教諭；甲子科，李果衆安人，海豐教諭。

景泰時二人：庚午科，侯瓚見《進士》；癸酉科，鄭襄見《仕籍》。

成化時四人：乙酉科，史聰進福人，孟縣知縣；甲午科，劉銘人和人，大同教授；丁酉科，侯觀見《進士》；庚子科，侯泰見《進士》。

弘治時五人：戊午科，吴光世保寧人，福山知縣；蘇琰見《進士》、袁宗儒見《進士》；辛酉科，趙循見《進士》；甲子科，張佐定安人。

正德時七人：丁卯科，張儒宗孔，義和人，文登知縣；庚午科，王彪文蔚，利人人，仕至萊州通判；丙子科，何魯子謙，利人人，今平凉通判；己卯科，韓溉汝霖，人和人，今河南府通判、吕應祥伯禎，豐樂人，今西安府同知、張存義守敬，豐樂人，平陰教諭、張濟仁甫，義和人，兖州推官，今青州教授。

嘉靖時方六人：乙酉科，吕孟信誠之，應祥族弟也、吴堂子升，致福人，今陝西行苑馬寺丞、董時居易，慶豐人，海豐知縣；戊子科，侯承爵一位，讓之子也、何思見《進士》；辛卯科，劉儒宗正，民哥人。

〔一〕刑，原文訛作「邢」字，今正。

袁宗儒《科第題名記》

國家懸科舉以待士，其諸昉於古乎？曰：未也。古昔先民，莘野釣磯焉爾矣，鄉舉里選焉爾矣。其名實之播諸宇宙者，何如也？然則科目之士由此，其選者抑未盡合古人乎？曰：未也。大道既隱，天下爲家，則科條品式燦然海内者，亦聖人通其變於未窮之道也，勢也。是故聖王通變以宜民，君子應時而名世。

昔者，成周命鄉論秀士，升之司徒，曰『選士』；司徒論選士之秀士者，而升之學，曰『俊士』；又論造士之秀者，以告於王而升之司馬，曰『進士』。凡以簡賢而成天下之治者也。

我明憲天立極，賓興彝典，率視成周。故賢才之出，雖不盡假之科目，其在今日，或亦有不能外是而他求者矣。

維雄密邇神京，涵濡列聖之化最先且久，則其人文丕變，宜何如哉！越自開國以迄於今，在太宗時，則有若少保氏劉觀；在孝宗時，則有若司馬氏侯瓚；在武宗時，則有若司徒氏侯觀。其他奮庸以出者，彬彬相望，猗與休哉。茲乃僉議勒石，用昭鑒戒，而以記屬諸袁宗儒，乃拜手稽首曰：『嗚呼！先哲尚矣，予復何言哉！予聞太上貴立德，君子無近名。茲舉也，將無近名乎哉！』傳曰：五百年必有王者興，其間必有名世者，是惟皋、陶、稷、契其人焉。然則茲名也，獨非君子之所重於天下後世者哉！蓋君子非名之患，而德業之難。如其伊、皋諸君子焉，則亦追配前人矣。如匪伊皋諸君子焉，則將遏佚前人光矣。於戲！上下數千百年而卓然名世者，其誰哉！儒也是懼，敢鑱諸石，用以告夫同志者。

王齊曰：雄在燕趙間，素多豪俊，然以地乘之闕，宋元靡詳，奚索漢魏？我朝設科百七年來，進士則有七人，舉人凡三十有二人。或功業嗚于時，或文行著于世，表表堂堂，在人耳目，人士可考也。學校養士，何其盛哉！

附：

系出雄縣，在太倉出身者，景泰甲戌科進士高宗本副使；在府學出身者，舉人楊皓、張戡。

【貢生】

國朝

洪武時十人：劉翥仕至僉都御史、韓岫由明經授給事中、成林御史、吕犹陽城知縣、王襄姚安知府、王自新海寧同知、高泊徽州同知、苑昇、高規、田疇海門知縣。

永樂時五人：孫賢德州知州、郭宗寧州判、秦武萊陽知縣、薛煦洴縣知縣、王寅嶧縣簿。

洪熙時二人：温泰姚安照磨、馬善蒲州同知。

宣德時四人：康寧萊蕪丞、侯英高陵知縣、李俊蒙陰簿、劉通惠州衛知事。

正統時七人：王源長洲丞、劉澄孟縣訓導、周鼎、馬英、張舉、王大本綏安丞、劉聰河東運判。

景泰時三人：李廷學任縣丞、李雄汶上丞、霍敬舒城簿。

天順時五人：傅益鄆城簿、楊恕上林署丞、許喬群牧所吏目、丁豫平凉經歷、王端山東都事。

成化時十二人：劉琛遼府奉祀、史昭太平簿、韓瑾福州衛訓導、羊紀昌邑教諭、姚禮齊東簿、徐鍾杞縣知縣，後調石樓、仲愷南錦衣衛經歷、李宗和益府教授、郭傑項城訓導、王鼐沈丘丞、鄧晟臨淄簿、王琰遼東衛訓導。

弘治時九人：韓竑見《仕籍》、劉士宏青城丞、郭豫靈璧丞、高逵宣城訓導、賀正魚臺丞、李大安臨淮丞、劉經汝州同知、王賢郯城教諭、王文章兖州訓導。

正德時六人：陳耿青州訓導、韓竚山丹知事、許鋭陽城簿、郭俊太原訓導、郭璠靈石訓導、董繼曾今肅府審理正。

嘉靖時才十人：李希蘭丘縣丞、蘇瓏琰族弟，今汾州同知、楊宗今泰安教諭、焦憲、趙元、郭文新、趙璿、侯讓臨昫教諭、韓希顔竑之孫、董濟民。

袁宗儒《歲貢題名記》

明天子受命十有一年，詔天下曰：惟古帝王，旁招俊乂。嚴惟丕式，用丕釐耿命。乃茲遹崇科目，匪是弗庸，其無乃闕矣乎？其自今彙征有位，惟其人，不惟其官，將無休哉！維時天下諸司，率奉揚德意，遴選多賢，貢之天子，躋諸華要而施爲聲聞，亦遂日流。嗚呼！詎謂十室果無其人哉！夫杞梓楩楠，同産於山，故山爲勝；珍怪寶藏，同産於川，故川爲靈。人才乘運以出，或哲而謀也，或温而直也，或慈而良也，或矯悍而毅也。要之，唯器所適，而顧於科目之外，漫不之崇焉，豈其然哉！

雄州屬在山谷，控引京華。吾嘗俯視方輿，大雄、小雄之山巉巖崒嵂，如踞如伏；龍泉、易灃之水，縈迴旋繞，如環如帶，則喟然嘆曰：『美哉，其茲山乎！懿哉，其茲水乎！其所以發我人文之秀者乎！』暨觀我國初，御史大夫而下凡若干人，皆由貢其選，已而入總憲政，懋建勛，庸其諸庶士則項背以興，率多思奮。古稱燕趙多感慨悲歌之士，其信然乎哉！

邑侯九儀，既鐫科第題名於左方矣，乃并鐫諸貢者相頏頡焉。君子曰：是可以觀政矣。夫政以飭治，治以昭德，故德立而名孚則民勸，治飭而物軌則化行，化行而勸時，乃罔不興，故曰可以觀德矣。於乎休哉！予時爲御史大夫，敢執筆於後，以俟觀風者采焉。

附：

系出雄縣，于府學出身者一人，侯英知縣。

【監生】

國朝

洪武時：王士德由人才，南豊知縣。

天順時：胡清貴縣遞運所大使。以下十四人，俱應四十以上例、王禧信陽場大使、成章蒲臺税課局大使、張禮邵莊驛丞、董誼封丘知縣、張珍牛房大使、劉軒永嘉場大使、李聰蒙陰訓導、高泰上里場大使、羊禮諸城巡檢、俞秉華州税課局大使、張縉時堡巡檢、向善延安倉大使、王文周人和典史。

成化時：董繼本宣城簿、王宸廣東所吏目、王淮光州吏目。

正德時：蘇瑞伊府典簿、徐升高淳簿、董淮太平知事、徐節旌德丞、龔鼐廣州衛經歷、李希蕙鄭州判、林榮官新鄭簿。

嘉靖時：李溥今倚氏丞、李儒今宿州衛經歷、張文瑞今和順簿、侯説今長治簿、董汝鳳今馬湖府經歷、徐孟暘、胡恒、董惠民、李森、袁抑、高渭。

【報效】

國朝

趙魯、鄭謙、張輻俱學生。初，太祖北征時，魯等賫糧迎於保定西水寨。太祖曰：『忠孝民也。』授魯本縣知縣，謙新城知縣，輻本縣丞，後革職。太宗即位，復詔曰：『念爾戎功，仍復舊職。』魯歷改稾城、山陽、壺口，輻歷改滿城、大興、趙得南錦衣衛指揮同知。以下俱永樂時人、王敬、劉欽俱保定後衛千户、楊春寬河衛千户、賈宣北豹韜衛百户、董塤保定後衛鎮撫。

【貤封】

漢

盧它，景帝四年，封爲亞谷侯《郡志》。

宋

趙從信，太宗太平興國初，封爲雄州防禦使，贈楚國公《郡志》。

元

何德全，以源貴，贈承直郎。

董景福，以志貴，贈朝列大夫。

國朝

劉德和，以觀貴，贈太子少保兼都察院左都御史。

韓從義，以岫貴，贈行人左司副。

成塤，以林貴，贈湖廣道監察御史。

仲士信，以閔貴，贈淮安府同知。
楊朋益，以聰貴，贈三原知縣。
侯文質，以孫瓚貴，贈南京兵部尚書。
侯林，以瓚貴，同文質之贈。
袁亨，以孫宗儒貴，累贈南户部右侍郎。
袁安，以宗儒貴，同亨之贈。

【任子】

元

殷端昇，闕。

國朝

侯巽，以瓚蔭四夷館中書。
侯訥，以祖瓚蔭監生。
侯謐，以觀蔭詹事府主簿。
侯誥，以觀蔭錦衣百户。
袁揚，以宗儒蔭監生。

祥异第十

《乘》曰：《洪範》徵極，《春秋》考异。靡委氣數，爰責我人。見休思愧，見灾思省。庶幾夙夜，天威攸齋。昔雄戰區，今雄樂土。追述往前，逖覽孔覺。

秦

始皇二十年甲戌，秦破燕於易水初燕太子丹質于秦，亡歸，怨秦。欲報之，遣荆軻劫秦。送至易水。至秦不克。秦益發兵，就王翦〔一〕於中山，與燕大戰于易水西，大破之。劉因〔二〕有《歸雄吊荆軻》文。

漢

獻帝興平二年乙亥，公孫瓚城易京先是，有童謡曰：『燕南垂，趙北際，中央不合大如礪，唯有此中可避世。』瓚以易地當之，爲鮮于輔破，後遂徙鎮易。爲圍塹十重，築京高十丈，崇樓鐵門，專與姬妾居。疎遠賓客，無所親信，謀臣猛將，稍稍乖散。且曰：『兵法，百樓不攻。今吾諸營樓櫓數十重，積谷三百萬斛，食盡，足以待天下事矣。』建安三年戊寅，袁紹攻公孫瓚，圍之紹連年攻瓚，不克，欲與釋憾連和。瓚不答，增修守備。紹于是大興兵以攻瓚。先是，瓚别將有爲敵所圍者，瓚不救，曰：『救一人，使後將恃救，不肯力戰。』及紹來攻，南界别營知不見救，或降或潰。紹軍徑至易京，瓚衆日蹙。四年己卯，春三月，瓚自焚死黑山賊張燕率兵救瓚。瓚密使人賫書，使起火爲應，瓚欲自内出戰。紹候得其書，如期舉火。瓚遂出戰，紹設伏擊之。瓚大敗，復還自守。紹爲地道，穿其樓下，燒之，樓輒傾倒。稍至京中，瓚悉縊其家屬，引火自焚。

〔一〕翦，原文訛作『剪』字，今正。
〔二〕因，原文訛作『駰』字，今正。

晋

武帝咸寧五年己亥，春三月，隕霜，殺桑麥。

惠帝元康八年戊午，大水。

趙

建武四年戊戌，夏五月，大蝗。

秦

建元十八年壬午，夏五月，蝗。大熟。

魏

神瑞二年乙卯，薦饑魏比歲霜旱，民多饑死。

延興三年癸丑，水。

太和十一年丁卯，春夏大旱牛疫民死；秋七月，賑貸。

隋

恭帝皇泰二年己卯，竇建德使高士興拒唐兵于易水，士興降之初，隋臣羅藝降于唐，唐以爲幽州總管。夏，竇建德以兵十萬寇幽州，使高士興拒藝兵于易水。藝纔至，士興即降，建德敗還。

唐

中宗嗣聖十三年丙申，陷於契丹河北震動。周武氏制起狄仁杰爲魏州刺史，河北始定。神龍元年乙巳，大水。

玄宗天寶十四載乙未，陷於安禄山禄山危範陽，故先陷之。

代宗廣德元年癸卯，春正月，收復。夏四月，分屬幽州節度使河北副元帥僕固懷恩北伐史朝義，賊將李懷仙請降，殺朝義，傳首京師，遂以懷仙爲節度使。大曆六年辛亥，春三月，旱米斗千錢。

昭宗天祐三年丙寅。秋九月，劉仁恭募兵戍瓦橋梁王朱全忠以幽、滄相〔一〕首尾，爲魏患，引兵渡河，圍滄州。劉仁恭救之。下令境内男子十五以上、七十以下，悉自備兵糧詣行營，文其面曰「定霸都」，士人則文其臂曰「一心事主」。得兵十萬，軍于瓦橋，畏汴軍疆，不敢戰。城中食盡，全忠使人說劉守文曰：「何不早降？」守文登城應之曰：「梁王方以大義服天下，若子叛父，來將安用之？」全忠愧其詞，直爲之緩攻。

梁

乾化二年壬申，春正月，晉師及鎮定之兵會於易水，伐幽州晉王李存勖遣周德威東出飛狐口，與趙將王德明、義武將程巖會于易水，伐燕主劉守光。

唐

天成二年丁亥，有年粟斗十錢。

清泰三年丙申，冬十一月，陷于契丹初，石敬瑭求救于契丹德光，草表稱臣子之禮，約以盧龍一道及雁門以北諸州爲賂，許之。秋九月，赴援，唐兵大敗，德光立敬瑭爲晉皇帝，即位，遂踐前約，雄没于夷。

晉

師來攻，拔之周德威遣裨將來攻，其將吏及莫州刺史李嚴皆降。

開運二年乙巳，春三月，晉師敗契丹於白溝初，平盧節度使楊光遠招誘契丹入寇。至是，復入寇。駙〔二〕馬杜威等諸軍會于陽城，與契丹戰，逐北十餘里，契丹逾白溝而去。三年丙午，大饑盜賊蜂起。

周

廣順二年壬子，契丹大水雄州大水，流民入塞者四十萬口。周詔所在賑給存處之，中國民被掠得歸者十五六萬。

〔一〕相，原文訛作「湘」字，今正。

〔二〕駙，原文訛作「附」字，今正。杜威本名杜重威，其妻爲晉高祖石敬瑭之妹，故有杜威爲後晉駙馬之說。

顯德六年己未，夏四月，世宗自將伐契丹。五月收復，置雄州，以陳思讓戍之世宗以北鄙未復，下詔親征，命親軍都虞候〔一〕韓通等水陸并進，其水陸都部〔二〕署趙匡胤先至瓦橋關。契丹守將姚內斌舉城降，相繼關內悉平。宴諸將于行營，議取幽州。諸將曰：『陛下離京四十二日，兵不血刃取燕南之地，此不世之功也。今虜騎皆聚幽州之北，未宜深入。』世宗不聽，遂趨幽州。會日暮，還宿瓦橋，命瓦橋關爲雄州，以陳思讓戍之。有疾，乃還。

宋

太宗太平興國五年庚辰，冬十二月，契丹入寇，帝自將禦之契丹主賢圍瓦橋關，南京留守耶律休哥帥精騎渡水而戰，官軍大敗，休哥追至鄚州。帝自將禦之，次于大名，以高瓊爲樓船戰棹都指揮使，部船千艘趨雄州，虜遁，乃旋。帝詩有『一箭不遺戎馬遁，六軍空恨陣雲高』之句。

雍熙三年丙戌，春正月，曹彬出師伐契丹初，賀懷浦將兵屯三交，好議邊事。與其子知雄州令圖上言：『契丹主少，母后專政，寵幸用事，請乘其釁，以取燕薊。』帝信之，以曹彬爲幽州道行營都部署，崔彥進副之；米信爲西北道都部署，杜彥圭副之，出雄州。三月，遂敗契丹于新城東北。夏五月，曹彬次師雄州初，曹彬兵次涿。契丹耶律休哥兵少，不敢出戰，設伏林莽，以絶糧道。彬居涿，旬日食盡，退師雄州。帝亟遣使止彬，急引師緣白溝河，與米信軍接，俟潘美、田重進，合勢以取幽州。後彬敗績。冬十二月，契丹誘執知州賀令圖先是，耶律休哥諜紿令圖曰：『我獲罪本國，旦夕欲歸南朝。』令圖信之，私遺重錦十兩。及我劉廷讓敗績，休哥宣言：『願見雄州賀使君。』令圖意其來降，欲擅其功，即引數十騎逆之。既至，休哥執之。自是，河朔戍兵無復鬥志，契丹乘勝長驅而南，殺官吏，俘士民，輦金帛而去。

淳化四年癸巳，春三月，開屯田初，何承矩至雄州，即建屯田之議，會黄懋亦請于河北興水田，乃以承矩爲使、懋爲判官，發河北諸州戍兵給其役。

至道元年乙未，夏四月，契丹入寇，何承矩禦却之承矩條子河汊之捷諭州民，且揭于市。契丹諜知，愧忿，將襲取承矩以雪耻。夜引數千騎抵城下，承矩整兵出拒。遲明，與契丹酣戰，契丹敗走。帝聞虜入寇之由，謂承矩輕脱生事，失守禦體，罷之。

〔一〕候，原文訛作『侯』字，今正。
〔二〕部，原文訛作『步』字，今據《宋史》改。

真宗咸平三年庚子，春正月，契丹引還，範廷召追敗之初，契丹入寇，知帝自將次于大名，乃縱掠而去。廷召追敗于雄州城南，斬首萬餘級，盡獲所掠，餘寇遁出境。

景德元年甲辰，冬十二月，與契丹定和議于狄夏頭帝自將次澶州，契丹請盟。遣曹利用往定和議于狄夏頭，以白溝爲界。自此南北彌兵，寇准之功也。三年丙午，春二月，知州李允則城城。

大中符祥元年戊申，有年斗米七八錢。

仁宗天聖六年戊辰，秋八月，水。

康定元年庚辰，契丹入寇，王勔禦之契丹將胡知遠來侵雄州榷場，王勔爲經略安撫使，乃令果勇抵敵，獲勝，知遠遂遁去。

嘉祐二年丁酉，夏四月，地大震壞城廓，覆壓死者數百人。

神宗元豐間，契丹兵竊關鎖劉舜卿知州事，契丹兵夜竊關鎖，吏密以聞，舜卿但易其門鍵，大之。後數日，契丹兵牒送盜并鎖至，舜卿曰：『吾未嘗亡鎖。』命加于門，不合，并盜還之。虜大慚，治盜以罪。

哲宗元祐八年癸酉，秋八月，水。

徽宗宣和四年壬寅，夏四月，白虹貫日時四月十五日，童貫出師時也。出門牙旗竿折，已而失二認旗〔一〕。五月，地震五月戊寅、己卯、庚辰，連夕有流星，若盂碗，自紫微、文昌犯天津、河鼓，越天漢、斗牛間，皆南嚮而奔，曳光如匹練，十餘夕不已。時方用兵，雄州地震。已而，雄之正寢，忽元武見龜大如錢，朱蛇僅若箸，每行必相逐。二師拜之，藏以銀盒，置于城北樓真武廟。明日，啓視之，皆死矣。二師，童貫、蔡攸也。六月，童貫擊遼白溝，敗績，退師雄州先是，宣徽使童貫駐軍高陽關，以蔡攸副之。用知州和詵計，降黃榜，述吊民伐罪之意，且云若有豪杰能以燕京來獻者，即除節度使。遂分雄州廣信軍爲東西路，命都統种師道護諸將進兵。師道總東路兵，屯白溝；辛興宗總西路兵，屯范村。遼人噪而前，師道前軍統制楊可世敗績，士卒多傷，雄、莫間死尸相枕藉，遂退保雄州。帝聞報而懼，詔班師。秋九月，劉光世敗績光世進軍，應易州太師高鳳之約至白溝，爲牛欄軍所敗，不得前，劉延慶泊軍雄州。冬十月，遼人蕭容、韓昉至雄州容、昉至，童貫、蔡攸以軍禮見之。貫、攸以其所上表不納土，止納款稱

〔一〕認旗，謂行軍時主將所有的作爲表識的旗幟。旗上有不同的標記，以便士兵辨認。

臣，麾而去之，斥容、昉曰：『非納土不受。』昉笑曰：『納款即納土也。虜種類雜未易圖，朝廷當思兩全，無貽後日之悔。』貫以蕭后表飛奏，留容、昉於雄州，聽朝廷指揮。童貫復進兵攻遼，敗績，退師雄州初，七月，詔再舉伐遼。至是，貫遣都統制劉延慶、觀察使郭藥師將兵十萬出雄州，以藥師爲鄉導渡白溝，至良鄉。遼蕭幹率衆來拒，延慶戰敗，復遣大將高世宣、楊可世與藥師率兵倍道襲燕山。蕭后密報蕭幹，幹還燕巷〔一〕戰。藥師、可世〔二〕敗績，生還，世宣死焉。幹復縱兵追延慶，延慶兵潰，退保雄州。燕人知宋無能，爲作賦及歌詩以誚之。七年甲辰，春三月，童貫入燕犒師貫自河間莫、雄入燕，馬廉訪自保州入莫，迎貫于任丘。因語兀室已擒天祚事，謂貫『宜急備邊，以防女真』。貫至燕撫犒，郭藥師以下軍有差，仍招集逃亡軍人，及招刺〔三〕諸處游手充軍以備邊。

欽宗靖康元年丙午，冬，命馬忠將所部趨雄州追襲金人，簽書樞密院使張叔夜白溝河死節。二年丁未，秋九月，陷於金金闍母陷河間府雄州。

寧宗時，蒙古將張柔來攻，拔之柔爲河北都元帥，取金雄州，金人復取雄州。

金

天會七年己酉，置永定軍節度使，賜名易易郡。

貞元二年，户口增來屬户二萬四百一十又一。

貞祐元年癸酉，冬十二月，蒙古主留怯台自將來攻，破之留怯台與子拖雷由中道破雄，東鹿令焦世用分捍北城，力屈而降，人民殺戮幾盡，金帛子女席卷而去，屋廬焚毀，城廓丘墟。

元

至元六年庚辰，春三月，大水平地水深三丈，民居半溺。十九年壬午，秋七月，旱。二十七年庚寅，夏四月，易水溢田廬漂

〔一〕巷，原文訛作『卷』字，今據《續資治通鑑》正。

〔二〕可世，原文二字倒乙，今正。

〔三〕刺，原文訛作『剌』字，今正。

没無遺，大蝗。秋八月，地大震地陷，黑沙水涌出，壞官署民居不可勝記，壓溺死傷者甚衆。

泰定三年丙寅，夏四月，饑初，張珪歸省保定。帝思見之，召還，問曰：『卿來時，民間何如？』曰：『珪老，少賓客，不能遠知真、保。河間，臣鄉里也，饑甚。朝廷雖賑以金帛，惠未及者十五六。』帝惻然，命賑糧四月，復免半租。

天曆二年己巳，夏四月，旱，蝗，民饑。

至正十九年己亥，夏五月，大蝗飛蝗蔽天，溝塹盡平。民大饑，銀一錠易米八升。有殺子而食者。

國朝

太祖洪武元年戊申，春三月，大將軍徐達來取雄州，遂下之時達與常遇春會諸將于臨清，率馬步舟師進，遂克之，進圍燕都。三十二年己卯，秋八月，我師襲破雄縣，總帥都督楊松、潘忠敗績，死之初，靖難師起，我師既克灤河，燕山中護衛副千户張玉進曰：『都督楊松、潘忠在雄州，扼吾南路，宜先擒之。』上大悦，遂發兵，命玉爲前鋒，副千户朱能副之，復得鄉道劉泰，于八月十五日夜襲，破其東門，敵衆敗走，追及于易易橋，執其總帥，松、忠不屈而死。復追其餘衆于莫州，斬獲不可勝計。遂乘勝長驅而南矣。三十三年庚辰，夏四月，曹國公李景隆、都指揮平安來攻，帝自將禦之。大戰於白溝河，禮部侍郎陳復初死之初，景隆受革除之命，以陳復初爲監軍，帥兵攻北平城。時朱能率師從太宗至鄭村垻，與景隆兵遇，大戰。城中亦出兵夾擊之，景隆狼狽走，還雄縣。復收潰散之卒，號百萬，進攻。太宗自將禦之，以朱能爲前鋒，張玉、武勝、李彬、陳珪、陳中孚、薛禄、陳賢諸將各進兵，至白溝河，敗其都指揮平安軍。及申，又與景隆兵戰，大破之。復初具朝服南鄉再拜，躍馬入于河，死之。明日，以能領左哨當前鋒，又大敗景隆兵，盡克其砦柵。景隆遂走保濟南，我師追之。

英宗正統間，蝗遣吏部右侍郎魏驥捕之。

憲宗成化六年庚寅，夏澇，秋旱。二十二年丙午夏四月，有年夜雨晝晴。二十三年丁未，大水。

孝宗弘治元年戊申，春三月，知縣王夢賢城城。二年己酉，夏六月，大水城市乘桴，野田漂没無遺。

武宗正德十二年丁丑，夏六月，大水禾稼盡傷，民大饑，疫死者枕籍。十三年戊寅冬十月，星隕爲石大如斗。十四年己卯，春，大疫。

今上皇帝嘉靖二年癸未，夏六月，知縣易鴻誅不孝婦於市。十年辛卯，夏六月，水，免田租之半。大饑。十一年壬辰，春二月，大賑。夏六月，李氏婦誅不孝子安于瓦橋。十二年癸巳，秋八月，大雨雹。冬十月丁丑，星隕而雨。十三年甲午，有年。十五年丙申，夏蝗，秋水。十六年丁酉，春二月，雨傷麥，大賑。

附文

雄州秋興兼贈少溪謝公德清之別八首

雄山屹立草亭孤，徑仄林稀望眼蘇。百里花封依日月，十年桑野半江湖。星羅謝傳新棋局，秋入王維老畫圖。勝地自來多感慨，明時誰許著『潛夫』。

龍泉背郭釀千家，泉上龍宮晚報衙。歲久人窺星宿海，秋高客泛斗牛槎。金莖露下青雲濕，玉井蓮開白日斜。咫尺蓬萊隔烟樹，一川蘆荻散晴花。

呂廟仙橋秋山濱，閒花野草尚鮮新。黃粱〔一〕歸夢騎黃鶴，白日來游咏白蘋。嘒嘒玄蟬依落木，冥冥鴻鵠傍離人。苕溪此去三千里，雪棹終當一問津苕溪在德清境。

易水西來會九河，誰家金鼓弄清波。蓮房菰米秋偏好，估客漁郎晚更多。飲馬上流思郭隗，屠龍失計笑荆軻。儒宮蕭散寒尊發，細聽滄浪孺子歌。

瓦橋關隘井梧秋，急杵繁砧起莫愁。萬壑松風連古塞，一天花月近高樓。公孫臺殿俱塵土，袁紹干戈亦白頭。獨有

〔一〕粱，原文訛作『梁』字，今正。

河邊黄石在，柳陰時纜濟川舟。
鏡堂高啓泮池東，蘿月娟娟竹樹風。古木蟠龍朝夕見，層軒巢燕往來通。黄雲香落蟹初紫，白雪團開酒正紅。萬卷少年虚自負，一尊今日有誰同。
西湖十里鏡光平，水落雲間夕照明。蘆笛秋清歸棹緩，藕花風細舞衣輕。忘情仙吕沙鷗狎，放目乾坤海鶴鳴。聊擬習池拚一醉，浪傳王謝得齊名。
柳堤風物已蕭森，坐對寒花思不禁。楚北松楸頻入夢，燕南桃李幾成陰。蹉跎四載青氈敝，留滯三關白髮侵。戀國未陳王粲賦，臨岐空羨宓生琴。
昔者鏡堂公之乘雄也，采擇精當，法度謹嚴，故于詩文咸約取而附見焉，公之自作則避而不録。且乘再梓矣，失今弗録，後將奚傳？故《河疏》諸作，夫子既補之矣；而《秋興》八首，尤爲時所珍，是故繫諸卷末，庶好事者之有徵焉。

嘉靖丁酉〔一〕夏四月沙田王世臣識

王齊曰：予少也孤，遭兵燹之餘，父書俱失。又不甚知隆師友，望望亡所問途，故聞見亦孤。弱冠，得領鄉薦，就諭于雄而乘雄也。雄無多大夫士，而書史亦鮮存者，兀兀窮年，猶家居也，故《雄乘》未備而少溪已刻傳矣。比牧任丘，數領少傳序翁及諸名公之教，且得多讀异書，删剔補正，視舊孔益，欲再梓而弗能焉。今年春，魯西王侯崇文敦化，淑世牗民，以予《任丘志》之成也，謀諸沙田，復委訂正，然實不能詳詳略略如《任丘》也。姑鳌而歸之，其卷爲二，其綱爲十，其目六十有五。

嘉靖十六年四月八日

〔一〕嘉靖十六年，即1537年，可見此底本是補修本。有關王齊任職之謎可解矣。

跋《雄乘》後

《春秋》，魯史也。萬世信之無間者，褒貶善惡，惟公焉而已。夫志，邑史也。若夫作者文字雖工而褒貶未當，又奚貴于志哉！《雄乘》，邑志也，吾師鏡堂公之筆也。巨細分別，皂白畢陳，其心公，其論確，足以信天下、詔後世，而國史之采，有足徵矣。噫！《雄乘》修而邑之善者勸、惡者懼，其輔世立教而功德雄人者，與雄相終始矣。披閱之下，竦然起敬。《乘》，其雄之《春秋》也哉！

嘉靖癸巳〔一〕菊月吉日，門人劉儒頓首拜書

〔一〕嘉靖十二年，即1533年。

附詩兩首

詩

中川左國璣大梁進士

昔時懷葉縣，今日宰任丘。笑爾王喬舄，仍爲帝里游。

九河追《禹貢》，一乘衍《春秋》。信有馨香德，神明久眷侯。

又

海野黃禎兵部郎中

大雅聞王子，相逢鬱夏雲。情通簪蓋外，荆識海瀛分。

花邑稱菡萏，絃歌亦宓君。誰爲雄地乘，史籀有遺文。

雄縣鄉土志

《雄縣鄉土志》叙

鄉土志者，爲鄉土歷史、輿地、格致各種科學之濫觴，實即邑乘之别派，未有邑乘闕如而鄉土志可臻詳核者也。况人類氏族、宗教、實業、商務各門，尤爲向者邑乘之所略，必欲一一盡求其詳實完美，此尤非咄嗟可以取辦者矣。

考雄縣志，托始於明嘉靖間教諭王公齊，再修於康熙九年知縣姚公文燮，三修於康熙十六年知縣來公淑洙，四修於康熙三十年邑人馬之驦。王志今久佚〔一〕；姚志僅存，亦磨滅不可卒讀；來志、馬志均未付梓，迄今來志無存，馬志亦闕其二卷。二百餘年，久失修輯，老成凋謝，文獻無徵，欲强起而續之，豈不難哉！是以近十年來，私心竊計，嘗欲博采旁搜，補苴完繕，然每因難而輟，迄未成書。

今歲夏六月，直隸學務處檄各府州縣修鄉土志，并頒例目，徵博學能文之士，按目考查，依例采録，限年成書，以爲各小學堂教科書之原料，邑侯蔡穆如先生因以斯役見委。伏思繼往開來，吾黨之責，『當仁不讓』，古有名言，迹雖鄰於僭妄，然不可謂非吾人應盡之義務也。受任以來，頗形竭蹶，每日自學堂課程六時外，以餘時修志。其見於通志、府志、姚志、馬志者，輒手録之；其不載者，則進闔邑父老子弟而咨詢之。時而摩挲乎殘碑斷碣，時而歷覽乎族乘宗祠。

〔一〕按，此語有失。王齊的『雄乘』成書於嘉靖十二年，今有明天一閣藏本傳世。

長吉錦囊[一]，隨時[二]傾倒；梁公藥籠[三]，并蓄兼收。凡六閱月，而十五例目始克粗具模型。

噫！以藐焉中處之身，勉竭數月之心思才力，而欲貫穿二百年之時代，牢籠一邑之事實，凡闇没而弗彰者，俾一一發揮而光大之，此亦不量其力之不勝，而忘其不精、不詳之誚矣！雖然畏其難而有待焉，將後有作者，安知不益病其難，而并病我今日之畏難苟安，而忍而與之終古耶？故夫今志之作，非作也，正留以待於後之作者，起而補其闕、拾其遺，終有以成其志也。是非徒私心之所厚望，實吾鄉少年所共奉，以爲多識蓄之資，且因愛鄉土而養成愛國心者，吾安得旦暮而遇之哉！

時光緒三十一年十二月初十日，劉崇本撰

鑒定者　花翎五品銜、署雄縣知縣、浙江蔡濟清

編輯者　雄縣高等小學堂教員、學部主事劉崇本

采訪者　高等小學堂董事、增生郭乃文

謄録者　高等小學堂司事、童生王俊清

采訪兼謄録者　高等小學堂肄業生韓樹榮、時得霖、劉書芳、董紀雲、劉崇經、王國楨、陳樹棣、張鳳翬、仇注洺、吕勷、鄧鍾祥、仇金山、張佩卿、胡連彙、張景涵、楊漢文、楊述文、劉耀宗、田寶硯、李豫樟、文玉璋、李萬選、孟

〔一〕　長吉錦囊，長吉，唐代詩人李賀之字。《新唐書》載，李賀「每旦日出，騎弱馬，從小奚奴，背古錦囊，遇所得，書投錦囊中。及暮歸，足成之」。

〔二〕　時，原文後衍一「時」字，今删。

〔三〕　梁公藥籠，狄仁杰死後被追贈梁國公，故稱「梁公」。《舊唐書》載，狄仁杰非常器重元行冲。元行冲嘗謂仁杰曰：「下之事上，亦猶蓄聚以自資也。譬貴家儲積，則脯腊膎胰以供滋膳，參术芝桂以防疴疾。伏想門下賓客，堪充旨味者多，願以小人備一藥物。」仁杰笑而謂人曰：「此吾藥籠中物，何可一日無也。」宋代詩人馮坦《謝虞司户鍾乳粉》有「合入梁公藥籠貯，世上伏苓多老芋」之語。

啓沅、董振英、楊蔭清、孟啓湘、馬春元[一]、張篤純、張國楹、高景湘、王炳南、蘇維謂、仇注漣、劉一枝、王炳圖、劉儒坊

采訪兼繪圖者　高等小學堂肄業生楊玉琳

[一] 馬春元，原文爲陰文，疑指成書時去世者，今正作方框。下同。

雄縣全圖

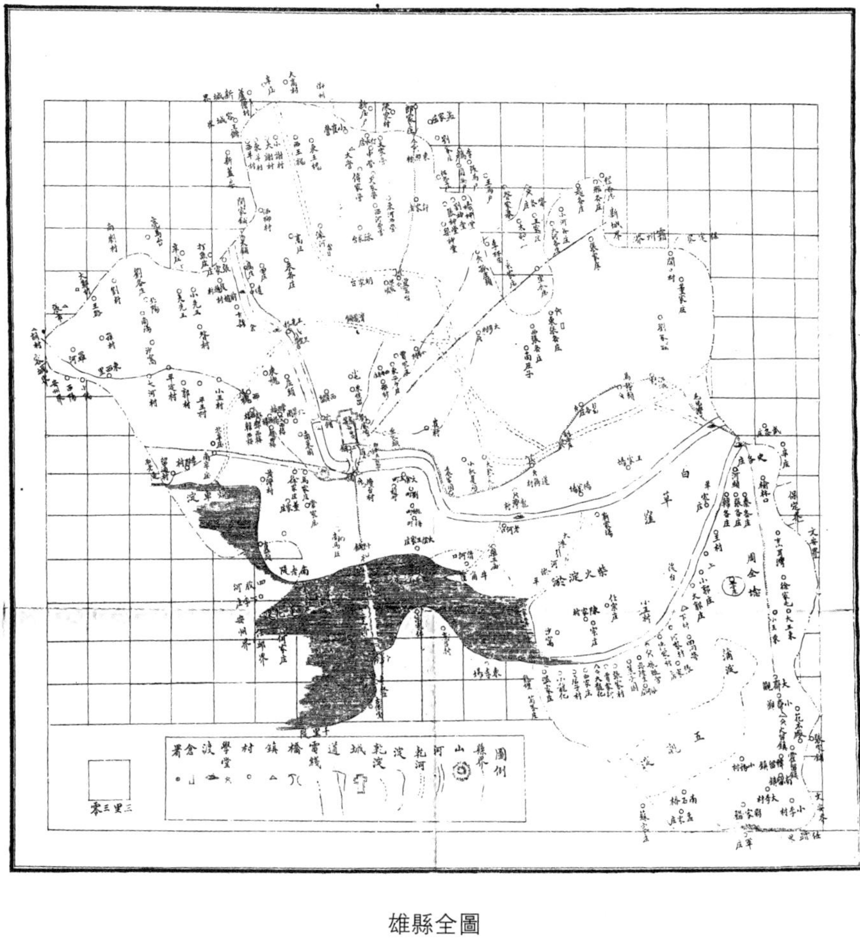

雄縣全圖

歷史第一[一]

雄縣，明太祖洪武七年置，隸保定府。周以前，或屬冀州，或屬幽并。時縣境固無本名字也，姑名之曰『州屬時代』。自周封召公於燕，後徙都易，而『易』實即雄縣最古之名。自後公孫瓚稱『易京』，晋改『易城縣』，至北魏仍復故名曰『易縣』，是可統名爲『易縣時代』。自高齊省易入莫，以迄於隋，而『易』之名遂終廢，是可名之曰『入莫時代』。唐置歸義縣，經五代而入契丹，皆仍之，是曰『歸義時代』。後周世宗置雄州，而『雄』之名始著。厥後或賜名郡，或置軍節度，歷宋與元，而新城、容城且時隸焉。此時代間，雄之版圖最廣，是曰『雄州時代』。自明降州爲縣，而『雄縣』之名遂沿至於今，此則可統稱爲『既置雄縣以後之時代』也。茲斷代爲章，凡六。揭之如左。

州屬時代

唐堯八十載，禹治水功成，作《禹貢》，定九州，曰冀、兖、青、徐、荆、揚、豫、梁、雍，縣境屬冀州。蓋古者中國之地，但分九州，禹亦因其舊耳。

虞舜攝位之十載，肇十有二州，曰冀、兖、青、徐、荆、揚、豫、梁、雍、幽、并、營。始分冀東恒山之地爲并州，縣境屬之。《北道刊誤志》[二] 謂屬幽州，以未詳考其疆界位置耳。

夏并九州，縣境仍屬冀州。

[一] 歷史第一，原文各目前均有『雄縣鄉土志』五字，今删。

[二] 《北道刊誤志》，宋人王瓘熙寧四年（1071）撰寫的一部歷史地理書籍。

商代，縣境屬幽州。考《爾雅·釋地》云：「燕曰幽州。」注：「自易水至北狄。」是幽州南界易水也，而雄古稱「易易」，是在易水北也。孫炎以《爾雅》之文與《禹貢》《職方》并皆不同，疑是殷制，或可信也。周，《夏官·職方氏》：「掌天下之圖，以掌天下之地。」又曰：「乃辨九州之國，正北曰并州，其川虖池、嘔夷，其浸淶、易。」考「虖池」即滹沱河，「嘔夷」即唐河；淶有二源，即巨馬河；易有三源，皆出易州。滹沱河舊徑縣境之茅兒灣，合以上諸水，由天津入海，則縣境之屬并州無疑。其曰「正北」者，以在冀州之北也。

易縣時代

周武王克商之年，封召公奭於北燕，後徙都易。「易」即雄縣最初肇錫之名。
秦始皇帝并六國，分天下爲三十六郡，以易縣屬上谷郡。
漢高帝十二年，改上谷郡爲燕國，分置涿郡，以易縣改屬涿。
文帝元年，以易縣改屬河間國。東漢仍之。
東漢獻帝興平二年，公孫瓚築城據之，號「易京城」。
晋改易縣爲易城縣，屬涿郡。東晋仍之。
後魏道武帝天興二年，後燕李朗以涿郡屬魏，魏復故名曰易縣，改屬高陽郡。

入莫時代

北齊天保七年，省易縣入莫縣，「易縣」之名自此遂廢。
隋文帝開皇元年，改郡爲州，莫縣仍屬涿州。
煬帝大業二年，改州爲郡，以莫縣屬河間郡。

歸義時代

唐高祖武德五年，改置歸義縣，屬幽州。尋置北義州於容城，以縣屬焉。太宗貞觀元年，省入河北道；八年，復置歸義縣，屬幽州。

大歷四年，歸義縣改屬涿州。

後晋天福元年，石敬瑭〔一〕割燕雲十六州賂契丹，歸義没入遼，屬涿州。

雄州時代

周世宗顯德六年，自將伐遼，取瓦橋關，置雄州，而『雄』之名自此始。并割容城來屬，尋復别屬。

宋太宗太平興國六年，以雄州新鎮復置平戎軍，改歸義曰歸信縣，并以容城來屬。

徽宗政和三年，雄州賜名『易易郡』，於歸信置廣信軍，屬河北東路。

金天會七年，置永定軍於雄州，屬河北東路。貞元二年，改屬中都路。

元世祖至元元年，雄州及永定軍俱廢；二十一年，復置雄州，屬大都路總管府，治歸信縣，并以新城、容城來屬；二十三年，以雄州隸保定路，此雄屬保定之始。

既置雄縣以後之時代

明太祖洪武元年，省歸信縣入雄州；七年，改州爲縣，屬保定府；而新城以六年、容城以十四年，亦先後改屬保

〔一〕 瑭，原文訛作『塘』字，今正。

定府。

國朝順治元年，定鼎北京，悉如明制。

政績録第二

凡官本境有惠政者，均記之；其非官本境而有德於本境者，如宋張希一、王漢之等，間録一二，以明受賜到今之義；至如明楊松、陳復初等，雖不官本境，而死事於本境，亦節録之，以彰忠藎。例目約分三大端：曰興利，曰去害，曰聽訟。茲不分類，特依年代先後，編次如左。

五代

王晏球，後唐賜名李紹虔。同光四年，與段凝、房知温守瓦橋。有機略，善撫御士卒。後爲招討使，大敗契丹兵，横刀弃甲六十餘里。中國之威大振，自晏球始。餘見《新五代史》。

宋

侯仁矩，平遥人。宋初爲雄州刺史，治軍多方略。歷仕數郡，咸有善政。

曹翰，大名人。太平興國五年，詔督役開南河，自雄達鄚，以通漕運。議築堤以捍之。

張昭允，字仲孚，衛州人。端拱初爲雄州監軍。敵騎乘秋掠境上，昭允與知州田仁朗選鋭卒襲其帳，敗走之。

劉福，下邳人。端拱二年爲雄州防禦使，兼本州兵馬部署。雄州地控邊塞，常屯重兵。福至部按行軍壘，調鎮兵以給繕完，出私錢以共犒。領雄州五年，郡境安謐。

安守忠，元豐間知雄州。嘗與僚佐宴飲，有軍校謀變。閽者入告，守忠言笑自若，謂客曰：『此輩酒狂耳，拎之可也。』人服其量。守忠謹慤淡泊，爲治簡静，所至藩郡，樂施予，豐宴犒，且喜與士大夫游，故時論多與之。

何承矩，河南人。爲制置河北緣邊屯田使，自順安高陽縣以東，資其波澤，築堤貯水，爲屯田，且遏敵騎。期歲間，關南諸泊悉壅闐，瀕海廣袤數百里，盡爲稻田，而有莞蒲蜃蛤之饒，民賴其利。淳〔一〕化五年知雄州，推誠御衆，同其甘苦。邊民有告機事者，屏左右與之款接，故契丹動息皆能前知。契丹夜襲城下，承矩出戰，擊走之。真宗時，復拜雄州團練使。自守邊以來，意在朝廷，懷柔遠人，爲息兵之計，收地利以實邊，設險固以防塞，春夏課農，秋冬講武，休息民力，以助國經，故任邊稱有功焉。餘見《宋史》本傳。

李允則，字垂範，并州盂人。真宗時知雄州。河北既罷兵，允則治城壘不輟，契丹疑違約。既而有詔詰之，允則奏云：『初通好，不即完治，恐他日頹圮，因此廢守，邊患不可測也。』帝以爲然。始，州多以草覆屋。允則取材木山西，大爲倉廩營舍，始教民陶瓦甓、標里閈、歲修禊事。召戰棹爲競渡，潛寓水戰。州北多設陷馬坑，城上起樓爲斥候。允則以南北既和，因命徹樓夷坑，爲諸軍蔬圃，浚井疏洫，列畦隴，築短垣，縱横其中，然其地益阻隘。復命境内有隙地悉種榆，久之，榆滿塞下，借阻敵騎。上元，然燈結彩，山聚優樂，使夜縱游。明日，偵北酋欲間入城中觀。伺之郊外，果有紫衣人至，遂與俱入傳舍，不交一言，出奴女羅侍左右，劇飲而罷，且置其所乘騾廡下，使遁去。即幽州統軍也，後數日，爲契丹所誅。嘗宴軍中，而甲仗庫火，允則作樂行酒不輟。請救，不答。帝使詰之，對曰：『兵械所藏，儆火甚嚴，方宴而焚，必奸人所爲，舍宴而救，事或不測。』一日，民有訴爲契丹民毆傷而遁者，允則不治，衆以爲怯。逾日，幽州以其事來詰，答以無有。蓋他諜欲以毆人爲質驗，比得報，以爲妄，乃殺諜。允則不事威嚴，或間出，與民坐語，以是洞知人情。訟至，面訊立斷，盗發輒獲。餘見《宋史》本傳。

劉承宗，善射，兼習書數。真宗大中祥符中，知雄州、河北緣邊安撫使，在郡有治績，詔書嘉獎。

王能，定陶人。咸平初，知静戎軍。建議決鮑河，斷長城口，北注雄州塘水，爲戎馬限，方舟通漕，以實塞下。景

〔一〕淳，原文訛作『醇』字，今正。

德中，爲鎮、定、高陽三路都部署，押策先鋒，護城雄州，躬率丁夫，旦暮不離役所，宴犒周洽。

王德用，趙州人。天聖初，知廣信軍即雄州。城壞久不治，德用率禁軍增築之，有詔褒諭。

張昭遠，知雄州。會大雨，陂塘溢，昭遠勒兵築長堤，以捍其衝。

趙滋，字子深，開封人。仁宗時知雄州。會契丹民數違約，乘小舟漁界河中，吏憚生事，累歲不能禁；後又遣大舟十餘，自海口運鹽入界河，朝廷患之。滋戒巡兵，舟至，輒捕其人殺之，葦其舟，移文還涿州，漁者遂絕。在雄六年，契丹憚之。契丹嘗大饑，舊米出塞，不得過三斗。滋曰：『彼亦吾民也。』令出米無所禁，邊人德之。

葛懷敏，仁宗時知雄州，恩信孚洽，賊不敢犯。會大旱，塘水涸，懷敏慮契丹使至，測其廣深，乃壅界河水注之，塘復如故。改滄州，士民遮留，數日乃得去。

劉兼濟，字寶臣，祥符人。仁宗時知雄州。先是，邊民避罪逃者，契丹輒納之，守將畏事，不敢詰，兼濟悉移檄責還。

李緯，楚邱〔一〕人。仁宗時知雄州。治兵頗嚴，不事厨傳，節公使錢，貯米三千斛，爲常平積。奏下其法他州。

張希一，字簡翁，開封人。仁宗時累使遼，遼人以雄州不當禁漁界河爲言，希一曰：『界河之禁，起於大國統和年，今文移尚存。』遼人詞塞。

張利一，字和叔，希一弟，知雄州。遼人刺兩輸民爲兵，民不堪其辱，利一綏來之。有大姓舉族南徙，慕而來者至二萬。利一發倉廪賑恤，且移牒涿州。自是不敢復刺。

高繼勛，字紹先，亳州蒙城人。仁宗時知雄州。契丹獵燕薊，候卒報有兵入鈔，邊州皆警。繼勛曰：『契丹賴漢金繒，豈敢損盟好耶？』居自若。已乃知渤海人叛契丹，行剽兩界也。

〔一〕邱，本作『丘』字，清代避孔諱而改。下『章邱』『任邱』均是，不復出。

王臨，字太觀，大名成安人。雄州判官，即沿邊安撫都監。契丹刺兩輸人爲義軍，來歸者數萬。或請遣還，臨曰：『彼歸我而遣之，必爲亂，不如因而撫之。』自是來者益多，契丹悔失計。後知廣信軍。餘見《宋史》本傳。

劉舜卿，字希元，開封人。神宗時知雄州。契丹繫州民獄，索之，不聽。會有使者至，因捕取其一以相當，必得釋乃遣。契丹兵竊關鎖，吏密以聞。舜卿但易其門鍵，大之。後數日，契丹牒送盜并鎖至，舜卿曰：『吾未嘗亡鎖。』命加於門，不合，并盜還之。敵大慚，治盜罪。在雄六年，恩信周洽。

李格非，濟南人。紹聖中，通判廣信軍。有士人説禍福，出必乘車，格非遇之，叱左右收之，窮治其奸，杖而出諸境。

楊應詢，字仲謀。徽宗時爲河北緣邊安撫使。帝以歸信、容城兩縣弓手爲契丹所憚，欲增爲千人，或恐生事。應詢曰：『吾欲備他盜，彼安能禁我？』卒增之。知雄州，朝廷多取西夏地，契丹以姻婭爲言，遣吏乞還，不得，擁兵犯塞。中外恫疑，應詢曰：『是特爲虛聲嚇我耳！願治兵積粟，云有備，彼將聞風自戢。』明年，果還兵。

郭成，知雄州，以功遷防禦使。疏財好施，襟度豁如。

曹偕，字光道，知雄州。議者欲廢塘濼爲田，偕曰：『何承矩、李允則營此，所以累年限契丹，廢之不可。』

王漢之，徽宗時知瀛州。上言：『自何承矩規塘濼之地屯田，東達於海，其後又修保塞五州爲堤道，備種所宜木三百萬本，此中國萬世之利也。今浸失其道，願講行之。』雄州歸信、容城灾，兩輸户請蠲税，不聽。漢之言：『雄州規小利，失大體，萬一契丹蠲之，爲朝廷羞。』

金

馬諷，字良弼，大漷陰人。歸信令。境有河曰『八尺口』，每秋潦漲溢，害良田，諷視地高下，疏决之，其患遂息。召爲尚書省令史。《金史》有傳。

完顏宗賢，太宗監國，爲永定軍駐今雄縣。節度使。天德初，召入，雄州父老相率張青繩、懸明鏡於公署，老幼填門，三日乃得去。

元

王時可，至正間知歸信縣，兼管諸軍奥魯勸農事。作《均樂亭記》。

明

楊松，洪武初爲總師都督，率兵八千戍雄縣，後爲燕前鋒張玉、副千户朱能襲破其東門，敗走易陽橋，被執，不屈而死。

潘忠，以都督副楊松戍雄縣，兵敗，死之。

陳復初，建文朝靖難兵起，以禮部侍郎監軍雄縣。李景隆敗績於白溝河，復初具朝服，南嚮再拜，躍馬入於河，死之。

瞿能，建文時爲領軍都督〔一〕，與陳復初同事，而戰功最烈，兵敗，死之。事見《通紀》以上四人祀西門内忠孝節義祠。舊志云：『二、八月上戊日，由縣官致祭，今圮。』

程九鼎，括蒼人。洪武初知雄縣。時初脱兵燹，榛莽弗治，九鼎竭力草創，百務修舉。又具人倫鑒，如識劉觀於諸生，後卒爲名臣。祀名宦。

常毅，黎陽人。宣德間知雄縣。廉察恭慎，勤恤民隱。嘗修學校、新祭器。

〔一〕都督，原文此二字倒乙，今正。

秦紘，單縣進士，授御史。天順間，以言事謫雄縣。勤明廉慎，政教并舉，境内肅然，公庭晝静。暇日，召集諸生，親爲講解。後忤中官，被逮於京，雄之旄倪數千人，伏闕請貸，詔宥之。祀名宦。

蕭琮，大同舉人。成化初任雄縣教諭。心地光明，勤於啓迪，士子咸頌之。

劉傑，泌水人。成化時知雄縣。剛方勇略，不畏强禦。

王夢賢，字良弼，夏津舉人。弘〔一〕治間知雄縣。廉勤公正，才思敏達，政治有方，修舉廢墜，百務皆興。祀名宦。

劉英，掖縣進士。弘治間知雄縣。剛直明敏，慷慨敢言，禮士愛民，令行禁止，民亦稱便。升知州。

陳言，長樂進士。德量淵宏，制行謹厚，工書能文，至剔蠹弊、毁淫祠，尤力焉。未久，以外艱去。後升監察御史。

杜玥，濰縣舉人。沈静簡默，勤恤民隱，人咸愛慕之。尋以憂去。

馬紀，字直卿，鈞州進士。廉能勤慎，明敏公平，賑恤流亡，醫濟瘟疫，省約浮費，芟刈豪强，各得其當。而作新學校、勸課生徒，尤爲加意。故士慕民懷，而旁邑之訟獄者日争趨焉。升監察御史。祀名宦。

王繼禄，字天錫，洛陽舉人。弘治間任雄縣〔二〕教諭。學問淵雅，博識宏通。時雄久乏科第，繼禄鋭志立教，無間寒暑，日督課程。未幾，蘇琰、袁宗儒、趙循、吴光世聯翩以去，一時服其造就。祀名宦。

何勛，陳州貢士，任雄縣教諭。學政修明，志行高潔，而啓迪有方，才識亦稱，士子賢之。

魏綸，字理之，利津舉人。少年博學，雅量俊才，工於詩文，署雄縣教諭。條教嚴明，勤於訓課，自繼禄之後，而文風再振。時流寇竊發，綸上十事，多見施行。升户部主事。祀名宦。

捏經，河南舉人。任雄縣教諭。正直爽慨，以身立教，士儒咸〔三〕服以上正德。

〔一〕弘，原文作『宏』字，避諱字，今正。下不復出。
〔二〕縣，原文脱此字，今補。
〔三〕咸，原文訛作『成』字，今正。

易鴻，字仲霄，固始舉人。嘉靖初任雄縣令。持身臨事，不循不阿。興學校，恤寒士，事集而不擾，惠洽而不費。秋水侵縣南路，建橋築堤，塗者稱快。民間有不孝婦，立誅於市，奸宄懔然，士民無不悦服。甫三載，以勤勞卒於官，囊篋蕭然，無以爲殮。祀名宦。

王齊，字元修，新蔡舉人，宋内翰禹偁之裔。嘉靖八年任雄縣教諭，才高學博，工詩文，士之陶鎔多賴之。雄無縣志，齊乃托始，名曰《雄乘》。即學宮旁隙地建鏡堂，課暇以文酒會諸生，因自號『鏡堂』。『鏡堂嘉會』爲本境八景之一。祀名宦。

謝九儀，章邱進士。嘉靖間知雄縣。温厚端嚴，廉能勤慎，興學校，崇節義，裁冗費，懲奸貪，勵精圖治，百廢俱新。三月而政成，吏畏民懷。甫七月，調德清，士民借寇，不可得也。官至兵部左侍郎。祀名宦。

王子麒，字仲郊，汝南舉人，嘉靖間以山東掖縣教諭升雄縣知縣。持身端謹，處事公平，開新河，通民利。升忻州知州。

徐尚文，固原州監生，知雄縣。剛毅明敏，修北城及城樓雉堞，一律完固。

張堯弼，代州舉人，知雄縣。正大公平，廉謹勤能，均派地糧，輕重恰當，民心悦服。

姜朝周，洛南貢生，任雄縣教諭。正直不阿，財利澹如。嘗出膳銀恤貧士，風化用振。後以老乞歸。

胡政，字仁甫，松滋舉人，知雄縣。老成莊重，沈毅廉能，擒巨寇以靖民生，修城堞以壯國勢，拯饑恤苦，凶歲得安。

范元愷，號東泉，雲南蒙化舉人。由教諭升雄縣令，多惠政。祀名宦。修學宮，鎸『忠孝節義』字於儒學儀門，書法勁健，至今尚存。

孫繼先，盂縣進士，知雄縣。廉静寡欲，明決有爲。先是，官吏逮事至縣者，恣索無忌，繼先裁以法，吏民帖服。至丈民田、定則壤，不苛不弛，人尤服其公平。

何夢夔，景陵貢士，任雄縣教諭。沈毅博雅，經明行修，諸生咸賴其啓迪。以外艱歸，士人思之。

李方生，棗强舉人，萬歷十七年任雄縣教諭。禔躬敏慎，課士精勤，擴學宫，置祭器，賑貧生，助婚喪，雖乘橐不惜。祀名宦。

袁寬，字念莪，四川漢州人。十六年任雄縣令，惠政甚多。在任五年，升蒙化同知，民伏闕請留，不得，乃繪《德政圖》送之，郭光禄爲之序。

成己，字静山，鄒平舉人，二十年知雄縣。剛毅嚴明，案無留牘，懲干證以息訟，斥繼母以教慈。升固原知州。

韓九德，交城貢士，二十七年任雄縣教諭。清釐學田，以供貧士，諸生立學田碑以紀其事。

閻應鍾，武定舉人，二十九年宰雄縣。下車日，荒旱盗起，民争訴之。緝捕勸化，盗息民安。

劉羽國，河南唐縣進士，萬歷間任雄縣令。舊日，西城自官溝至觀音堂中斷一里許，無民舍，羽國營屋立市，街始相連，民樂居之。其名『鴻雁』以此。

林雨潤，字浴蒼，鎮海衛進士，萬歷三十九年知雄縣。越明年，春大旱，發倉平糶，民甚賴之。擢兵科給事中。

王則古，字具茨，禹州進士，萬歷四十一年知雄縣。剛明廉斷，興利除弊，愛民造士。歲六月不雨，民饑盗起，賑濟彈壓，條理井然。

王納諫，字青蒲，肥城進士。萬歷四十四年知雄縣。精詳敏練，緩徵清訟，百廢俱舉。

汪應蛟，婺源人。萬歷丙申爲易州兵備道，按部至雄，謁先師廟，見廟前地湫隘，乃〔一〕捐金購廟前民房以廓之。取其材木，於東南隅建奎閣，復置名宦、鄉賢二祠。天啓中開府中山，雄又公所屬邑。時歲饑，公奏貸軍儲五千石賑之，即以平糴之贏助財用，以就哺之衆供徒庸，建室若干楹於先師廟之艮方，爲諸生肄業所，即今學宫也。卒，祀雄縣名宦。

〔一〕乃，原文訛作『及』字，今正。

任明臣，青縣舉人，天啓二年任雄縣教諭。清廉剛亮，真稱師表，新生贄金，盡却不受。忽以疾逝，闔庠爲之變服盡哀。

黄宗昌，字長倩，即墨進士，天啓二年知雄縣。負才有守，嚴於聽斷，寧殺不辜，致大獄多鞫於雄。發奸摘伏，上下皆敬憚之。

許台儁，字穉觀，祁縣舉人，崇禎元年知雄縣。老成練達。初以征錢便民被揭，衆士民叩閽，寃白得留。己巳之變，風鶴不驚。持政廉平，親賢愛衆，修城建署，創興獨多。

傅作衡，大興舉人，崇禎十年任雄縣教諭。談經課藝，雅意作人。值亂登陴，率士獨當一面。

張秉禮，舉人，令雄縣。崇禎十一年，從縣人馬維城議，建西洋鋭角敵臺於城之乾、艮二隅，是年守城獲效。

曹良直，進士，崇禎十三年任雄縣令。嚴禁吏胥侵漁中飽之弊，凡利於民之事，毅然爲之。十四年，用馬維城議，補建八臺，連前二臺俱以磚灰固甃，每臺建將廳一間、火藥房一間。其磚灰俱令認墾荒地者計畝輸將，隨給印單，俾爲永業，人民便之，公私胥濟。城守堅固，敵不敢犯。暇則論文課士，民賴以安。

國朝

塗應旂，鐵嶺歲貢，順治二年任雄縣丞，大有才幹。至隨滿洲圈地，斡旋之力頗多。

戚崇進，字仲升，威海衛拔貢，康熙四年知雄縣。下車詢民隱，除積弊，催科不嚴苛，訟獄無句牒。去之日，百姓勒碑，曰『天下清廉第一』。

薰爾猷，字式固，洛陽副榜，康熙六年任雄縣丞。秉躬端謹，能以道義自持，佐理咸宜。署本縣篆，請免水衝地糧，士民感之。

姚文燮，號羹湖，桐城進士，康熙八年補雄縣知縣。雄，水鄉衝驛，莅任值水灾之後，人民流移，城郭傾圮，文燮撫綏招徠，薄徵革羨，除雜派，均徭役，禁婦女輕生，以清争訟之積弊，輕刑省獄，賑饑施棺，弭盜擒賊。招流民復業，予以荒地認墾，歸者接踵。又遍築堤岸，捐資修城建樓，各渡修理橋梁，詳革水荒地糧及鹽額，積困頓蘇。駕馭滿丁，盡皆悦服。修葺學宫，集士訓課詩文。雄志殘缺，重加纂輯，而梨棗之費，則捐己橐。清操刻苦，政治稱最。祀名宦。

袁公衍，字存儒，四川南江舉人，康熙十年任雄縣知縣。持已一塵不染，爲政寬嚴相濟。處衝繁之地，而游刃有餘。絶去火耗，勸民息訟，朔望進諸生講藝。期年，循績卓著。

南宫第，字壽山，密雲舉人，康熙九年任雄縣教諭。爽剴公直，詩文雅贍，爲士楷模。課藝品題，文風大振。祀名宦。

甘汝來，江西進士，康熙間知雄縣。罷民間雜派銀，置奸吏於法。歷官至吏部尚書。

劉念拔，乾隆四十九年知雄縣。建義學，新文廟，百廢修舉。又工書，凡城關各寺宇，多有匾額楹聯，書法秀勁，人争寶之。

王榕吉，字蔭棠，山東進士，咸豐初年補雄縣知縣。廉明寬厚，好士愛民。其增前任某公聯云：『賴有兒規模，六載勉爲民父母；不留人怨罵，一官可對我兒孫。』素志可以見矣。任事甫數月，調繁天津，士民號泣遮留，不得，置靴而去。後官至大理寺正卿。

蔣大鏞，字洪聲，進士，咸豐末年補雄縣知縣。政治廉平，公暇則進諸生講論文藝，親爲斧削，一時成就甚衆。官至順天府府尹。

凌松林，字曉渠，河南西華進士，咸豐五年知雄縣。縣當孔道，軍興以來，兵差絡繹，車馬悉自雇，不以擾民。新城縣青陵堤決，縣屬被淹，捐廉堵築。天津築炮臺，邑奉派采辦樹株二千餘，皆自行籌運。又建義塾，恤灾黎，息争訟，戢盜賊。在任七年，家尸祝之。祀名宦。

張儉，玉田縣舉人，同治年間任雄縣教諭。品學俱優，勤於考課，以勞卒於官。著有《四書講義》。

葉伯英，安徽合肥人。同治十一年分巡清河道。雄邑爲九河尾閭，多水患，伯英在雄，疏浚大清河，修復蘆僧河，開挖趙王河，五六年間，各河既通，水患稍息。光緒三年，復捐金三百，爲雄文書院諸生膏火；并籌捐富紳金，共一千五百兩，發商生息。闔境士子置長生禄位於書院，尸祝之。後升陜西布政使。

趙映辰，字星府，瀋陽進士，光緒十年署雄縣知縣。勤恤民隱，嚴禁吏胥舞文索賄之弊，民有訴訟者，必問有無吏胥索賄情事，有則從重科罰，甚至斥革。一時弊絶風清，四境戴德。時縣署傾圮，縣官多借住書院，以至士子疏於課試。映辰移船局公款，衙署一新；延邑舉人周監易，主講書院以課士。士子至今思之。

王開運，字慶雲，江西舉人，光緒十七年署雄縣知縣。剛毅嚴明，勤於課士，置施種牛痘局以福幼童，建義倉以備荒，并重修文山祠以勵臣節。後升完縣知縣，德兵過境，需索車馬，開運不應，遂遇害。

胡賓周，字恪三，河南鄧州進士，光緒二十四年署雄縣知縣。愛民如子，疾盜如仇，而尤誠於好士，政暇則進諸生賦詩論文。雖自奉儉約，而宴客必豐，且時捐廉俸作獎品，一時名士多從之游。

兵事録第三

姚橤湖修《雄縣志》，混『兵事』於『五行』，均歸之『祥异』一門。又，其所録『兵事』，間有涉及本境外者，如〔二〕秦破燕於易水、晋師及鎮定兵會於易水伐幽州、竇建德使高士興拒唐兵於易水之類。考易水有南、北、中三源，皆出易州。黄氏度《〈周禮〉注》：『中易出閻鄉城寬中谷，東南流至古易京城，與北易合流，入巨馬河。』易京城在今縣西北境十五里古縣村，易水上游入本境者不過十數里，不得以易水之流域概歸之本境也。至載張叔夜白溝河死節事，則非無見。考《宋史》，真宗景德元年，帝自將，次澶州，契丹請盟，遣曹利用往定和議於狄夏臺，以白溝爲界。其故道在今王克橋村北三里，即王克橋引河，東行經胡各莊，入茅兒灣，而瓦橋關及狄夏臺皆在其南。元郝經詩『易水南流是白溝，北人爲界海東頭』是也。明嘉靖時，其河始廢。若今之白溝河，俗呼大清河，經王克橋西南，流至縣城南關東行。使以此爲界，則瓦橋關適爲契丹境，此必無之事也。又，王克橋以北之白溝河皆南北流，此與界南北之説尤不合。然則自宋迄明之白溝河，其爲王克橋引河無疑矣。舊志録明成祖敗李景隆於白溝河，同一卓見。今删其『五行志』，專録『兵事』，以昭劃一。

周莊王二年，燕桓侯徙都臨易。

赧王二十一年，趙以鄚、易與燕。

後漢獻帝興平二年，公孫瓚城易京。先是，有童謡曰：『燕南陲，趙北際，中央不合大如礪，惟有此中可避世。』爲

〔二〕原文訛作『知』字，今據改。

積穀三百萬斛，足以待天下之變矣。』建安四年，袁紹攻公孫瓚於易京。瓚密致書於黑山賊張燕，使舉火爲應，瓚自内出戰。紹候得其書，如期舉火，瓚遂出戰，紹設伏擊之，瓚大敗。紹爲地道，穿其樓下，燒之，樓輒傾倒，稍至京中。瓚與子書云：『袁氏之攻，狀若鬼神，衝梯舞於樓上，鼓角鳴於地中。』竟爲紹所破。瓚縊其姊妹妻妾，然後引火自焚。

十一年，曹操征烏桓，至易，留輜重，輕兵兼道而進。

晉愍帝建興元年，漢石勒遣孔萇攻賊帥馮䐗，久而不克。四年，石勒以李回爲高陽太守，䐗率衆降。回徙居易京，流民歸之者相繼於道。

咸康四年，段遼襲後趙幽州李孟，孟退保易京。

後趙建武四年，石虎自遼西南達易京，以京障至固，令二萬人廢壞之。

唐寶應二年，官軍追史朝義，及於歸義，朝義敗走。

大歷九年，魏博帥田承嗣叛，發諸道兵討之。盧龍留後朱滔軍於瓦橋。成德帥李寶臣叛附承嗣，襲敗滔。

昭宗光化二年，朱全忠遣葛從周擊劉仁恭，圍滄州，大破之。仁恭自乾寧軍走保瓦橋。光化三年，朱全忠遣將張存敬寇易、定，幽州帥劉仁恭遣子守光救定州，軍於易水上。存敬敗之，拔瀛、莫、景三州，連下二十城，將自瓦橋趨幽州，道澶不能進，乃引兵而西，拔祁州。

梁乾化二年，晉將周德威遣裨將李存暉等攻瓦橋關，其將吏及莫州刺史皆降於晉。

梁貞明二年，契丹據平州。晉王存勖自瓦橋運糧輸薊州，屢被契丹抄掠。

後唐同光二年，契丹入唐幽州，至瓦橋。唐遣李嗣源將兵敗之，契丹出塞。詔李嗣源旋師，命李紹欽及董璋戍瓦橋。

唐復得新州。

周顯德六年，周主親征遼，趙匡胤先至瓦橋關，遼守將姚内斌舉城降，關南悉平。世宗以其地控扼幽薊，建爲雄州，

鮮于輔破後，遂徙鎮易，爲圍塹十重，築京高十丈，崇樓鐵門，乃曰：『《兵法》：「百樓不攻。」今吾諸營樓櫓數十重，

割容城、歸義二縣隸焉，命陳思讓戍之。

宋太祖建隆三年，命李漢超屯關南瓦橋關以拒契丹。

太宗太平興國四年，郭進大破契丹於關南。五年，遼寇瓦橋關。官軍陳於水南，耶律休哥渡水而戰，官軍大敗，休哥追至莫州。雍熙三年五月，命曹彬、崔彦進、米信、杜彦圭出雄州伐契丹，至涿州，耶律休哥敗之，帝召彬等還。十二月，契丹隆緒入寇，誘執知雄州賀令圖。淳化四年三月，知州何承矩開屯田。至道元年，契丹寇雄州，知州何承矩擊敗之。

真宗景德元年，帝自將，至澶州。契丹請盟，遣曹利用往定和議於狄夏臺，以白溝爲界，自此南北弭兵，寇準之功也。三年三月，知州李允則城外羅城。大中祥符三年六月，契丹遣使告糴，詔雄州出粟三萬石，賤價賑之。

仁宗康定元年，契丹將胡知遠入寇雄州榷場。王勔爲經略安撫使，令果勇抵敵，知遠遁去。慶歷三年，置河北緣邊安撫使副都監於雄州。邊臣言『契丹饑，來市糴』，詔雄州糴粟二萬石賑之。

徽宗宣和四年，詔童貫、蔡攸等勒兵以應金。六月，童貫分雄州廣信軍爲東、西路，种師道統東路軍，屯白溝，辛興宗統西路軍，屯范村，進兵擊遼，敗績，退保雄州。九月，劉延慶泊軍雄州。十月，遼蕭容、韓昉至雄州，童貫、蔡攸以軍禮見之，見其所上表不納土，止納款稱臣，留之雄州，以表奏。十月，童貫復進兵攻遼，敗績，退師雄州。燕人知宋無能爲，作賦及歌詩以譏之。

欽宗靖康元年冬，命馬忠將所部趨雄州，遮留金人。簽書樞密院使張叔夜白溝河死節。

高宗建炎元年，金多昂摩拔河間府雄州。三年，金人復取雄州，置永定軍節度使。

金宣宗貞祐元年癸酉十二月，蒙古主與子拖雷破雄州。焦用力屈，降。人民殺戮殆盡，牛馬子女席卷而去，屋廬焚毁，城郭丘墟。興定三年，蒙古遣張柔率兵南下，遂克雄州。

元文宗至順三年，屯田於雄州。

元順帝末年，達朵兒只以副樞據雄州，以州人王成、杜茂爲團練千户，作威濟虐，民不堪命。

明洪武元年戊申三月，大將軍徐達取雄州，進圍燕都。

建文元年七月，命耿炳文討燕王，先鋒九千人駐雄縣。燕將張玉得嚮道劉泰，十五日夜襲破雄縣之東門，總師都督楊松、潘忠死之。八月壬子，燕王夜渡白溝河。二年庚辰四月，曹國公李景隆、都指揮平安來攻燕，成祖與戰於白溝河，景隆敗績，走還雄縣，監軍禮部侍郎陳復初死之，瞿能戰死。

弘治元年三月，知縣王夢賢城城。

嘉靖二十九年，京師戒嚴。知縣胡政修城堞三千有奇，選壯丁如堞之數，使各守之，選官紳督之，請於撫按，以軍法從事。四十五年冬，知縣馬紹英城城。

崇禎二年，大清兵前驅至白溝河，縣城戒嚴。九年七月，大兵攻城，八月初一日陷。知縣李盛枝奔去，其眷屬先置於道務村，卒被害。十一年戊寅，大兵薄城，知縣張秉禮率衆防禦，得無恙。十三年，有新安大盗管爾禎欲攻城，知縣曹良直率鄉總宋軾及快壯等，設法擒於安肅，殲焉。十五年，大兵南下，城内戒嚴。十七年，李自成陷保定府，知縣張京去之，賊遣僞官郝丕績來。

本朝定鼎，丕績爲義兵擒解，以教諭韓應節攝縣事。

國朝順治六年，大水，鄰邑水賊蜂起，屢來攻。一夜，潛舟城下，施雲梯。縣丞葛廷棟署縣事，率邑人武進士梅芃、袁士偉、李學文、李萬輝及快役、炮手出戰，奪梯，斬數級而還。賊遂攻學文之家於馬務頭，學文與賊首袁四、袁五、高二道、楊丕之戰，葛廷棟馳救之，賊敗，追至趙北口，奪大船一及器械、火炮而還。後官兵由天津至茅兒灣，分兵四剿，不知雄戰守功，幾有玉石俱焚之患。知縣馬得通新赴任，馳入營，白紳士、鄉勇效死狀，賴以安堵。

康熙十二年，城内大盗行劫。知縣袁公衍申請滿洲兵入城駐劄，遂立營房，設滿官三員、披甲五十名。

同治六年十月，馬賊由龍灣村之南陽橋渡河，掠東鄉一帶，東張岡被害尤甚，并及新城界。後十餘日，復渡河而南。

光緒二十五年冬，張岡村人始習拳，知縣冬之陽捕其魁，稍斂迹。明年，省城焚教堂，大吏不禁，縣境拳匪乃日熾。五月二十二日，邢長春帶兵赴津，道出孤莊頭村，以拳匪要截，擊斃三十餘人，拳民甚凶懼。及京師陷，官吏威令不行，拳民乃據城署、奪炮船，無復忌憚矣。八月，淮軍望雲亭、署提督吕本元率兵先後至，時拳匪已聞風遠遁，乃焚張岡等村，以『亂事敉平』聞，實則伏莽尚多。五六年間，搶掠劫殺層見叠出，皆其遺孽也。直至三十一年，知縣蔡濟清命隊官何邦彦約霸州、新城合剿，而其黨魁始先後授首。噫！其始起也甚微，而其爲禍也，乃遍於京、津、保之間，而延至五六年之久，豈非天哉！

耆舊録第四

例目云：以本境之鄉賢，爲後學之感勸，耆舊之録，其爲益也大矣！舊志分『賢績』『孝義』二門，而武士則附『武選舉』中，不另立傳，亦右文輕武之見。府志分類較詳，而所録亦雜。茲則凡歷代名臣、功臣、名將、循吏、忠節爲本境人者，皆按時代先後録之，不復細別某也功業足稱、某也學問可取也，但已見正史及國史有傳者，不詳録全傳，餘則加詳。至名宦、鄉賢及忠孝節義各祠，亦均附入。

五代

劉昫，字曰輝，涿州歸義人。祖乘，幽府左司馬；父因，幽州推官。爲人美風儀，與其兄晅、弟暭，皆以好學知名燕薊間。昫初爲定州王處直觀〔一〕察推官，後處直爲其子都所囚，并殺昫兄晅，昫乃避之滄州。後唐莊宗即位，拜昫太常博士，以爲翰林學士。至明宗時，累遷兵部侍郎。明宗愛其風韻，遷端明殿學士。長興三年，拜中書侍郎，兼刑部尚書、同中書門下平章事。昫自端明殿學士拜相，當時以爲榮。廢帝入立，遷吏部尚書門下侍郎，監修國史。三司使王玫罷，廢帝命昫兼判三司。應順元年，詔蠲逋租三百三十八萬，從昫請也。昫性察而嫉三司蠹敝，乃鈎計文簿，核其虛實，殘租積負，悉與蠲之。往時，吏卒積年之負益而不發，因以把持州縣，求賄賂，及昫一切蠲除，民間歡然以爲德，而三司吏皆沮怨。先是，馮道與昫爲姻家，而同爲相；道罷，李愚代之。愚惡道之爲人，凡事有稽失者，必摘以誚昫，曰：『此公親家翁所爲也。』昫性少容恕，而愚特剛介，遂相詆訴。而相府吏憎此兩人剛直，因共揚言其事，聞之廢帝，并罷之。

〔一〕 觀，原文訛作『親』字，今據改。

是時，三司諸吏提印聚立月華門外，聞宣麻罷昫相，皆歡呼，相賀曰：『自此我輩快活矣！』後晉高祖時，爲東都留守，判鹽鐵。開運中，拜司空、同中書門下平章事，復判三司，以目疾罷，爲太保。是歲卒，年六十。所著有《唐史》《通鑒》等書。初，昫避難河朔，游於山寺，有賈少瑜者爲僧，輟衾袍以温燠之，後致少瑜進士及第，聞者義之。餘見《舊五代史》。

劉皡，字克明，昫之弟也。少離鄉里，後唐莊宗平河洛，皡以嘗從族人劉去非歸梁，懼獲罪，乃投〔一〕高季興於荆南。皡累爲荆州攝官。明宗朝，兄昫爲學士，遣人召歸唐〔二〕，仕於朝。漢祖受命，用爲宗正卿。周初，改衛尉卿。後爲高麗册封使，至鄆，卒。皡從儒學，好聚書，嗜酒，無儀檢，然衷抱無他，急於行義，士友以此多之。餘見《舊五代史》。

宋

趙振，真宗景德中温州兵馬監押，累遷龍神四府都指揮使，歷知數州，終佐神武大將軍。振剛强自負，喜謀畫，輕財尚氣，衆樂爲用。子珣、瑜咸工騎射，仕至顯官；璞亦知名。

榮恕憫避諱改寫，兄弟异居積年。大中祥符時，恕憫家榆樹兩本自合，恕憫感其异，復相聚，鄉人稱雍睦。

遼

杜防，開泰五年擢進士甲科，累遷起居郎、知制誥。太平中，遷政事舍人，拜樞密副使。重熙九年，夏人侵宋，宋遣郭禎來告，請與夏和。防使夏解之，如約罷兵，各歸侵地。拜參知政事，韓紹芳、劉六符忌之，防待以誠。十二年，

〔一〕投，原文訛作『役』字，今據《舊唐書》改。
〔二〕唐，原文訛作『梁』字，《舊唐書》亦如是，今正。

紹芳等罷，愈見信任。十三年，拜南府宰相。防生子，帝幸其第，賜名『王門努』〔一〕。二十一年秋，祭仁德皇后，詔儒臣賦詩，防爲冠，賜金帶。道宗諒陰，爲大行皇帝山陵使。清寧二年，帝諭防曰：『朕以卿年老，不欲煩以劇務，朝廷之事，總綱而已。』頃之，拜右丞相，加尚父。卒，贈中書令，謚元肅。傳見《遼史》。子公謂，終南府宰相。

元

焦用縣志作『世用』，仕金，由束鹿令升千户，守雄州北門。太祖兵至，州人開南門降，用猶力戰，生獲之。帝以其忠壯，釋不殺，復舊官，隨征山東。詔：『有拒命者，必殺不原。』一夕，擁萬衆，命公監斬，公密令卧地以示死，由是全活甚衆，未嘗妄殺一人。年六十二卒。以子德裕貴，封恒山郡公，謚正毅。

焦德裕，用之子，字寬父。其遠祖贊，從宋丞相富弼鎮瓦橋關，遂爲雄州人。德裕通《左氏春秋》，少習拳勇，善射，從其舅解昌軍中。金將武仙殺史天倪，既敗走，其黨趙貴、王顯、齊福等保仙故壘，數侵掠太行。太宗擇廷臣有才辯者往招之，楊惟中以德裕薦，遂使真定，降齊福，擒趙貴，王顯亡走，德裕追射殺之，其地悉平。詔賜井陘北障城田。中統四年，賜金符，爲閬蓬等處元帥府參議。宋臣夏貴圍宣撫使張庭瑞臨潢州人於虎嘯山，實薪土塞水源，人無從得飲。帥府檄德裕援之，夜薄貴營，令卒各持三炬。貴驚走，追及鵝溪，馘千人，獲馬畜兵仗萬計。升京畿漕運使。至元六年，僉陝西道提刑按察使事。八年，轉西夏中興道按察副使。十一年，從丞相巴延南征，授僉行中書省事，遂從下安慶。至鎮江，焦山寺主僧誘居民叛，丞相阿珠欲盡坑其徒，德裕諫止之，命德裕先入城撫定。宋平，賜予有加。平章阿哈瑪特譖丞相巴延殺丁家洲降卒，奏以德裕爲中書參政，欲假一言證成之，德裕辭不拜。久之，復簽行省事。十四年，改淮東宣慰使。淮西賊保司空山，檄淮東四郡守爲應。元帥特爾格邏得其檄，即械郡守許定國等四人，使承反狀。德裕言：『四

〔一〕王門努，《遼史》同，《續通志》作『王門奴』。

人者皆新降將，天子既寵綏之，有地有民，盈所望矣，方誓報效，安有他覬？以疑似殺四郡守，寧知非反間耶？』盡復其官。拜福建行省參知政事。二十五年，卒，年六十九，贈光禄大夫、平章政事，追封恒國公，謚忠肅。子簡，餘姚州知州；潔，信州治中《元史》。

殷伯宗，夏村人。少有勇力，膽略過人。年十九，從軍平江南，有先登陷陣之功，得告身，充彈壓句當。至元八年，從劉元帥征和林，復有功，授忠顯校尉，錫銀符、武衛親軍百户。卒於官。子圭，襲授敦武校尉。泰定間，供給軍需，升忠翊。元統二年，兼領倉事，糧儲增羡，褒昭信校尉、武衛親軍百户。卒，子守忠襲職。守忠讀書知義，篤於孝彝，負幹濟之才，國中稱其强敏。

董志，字于道，龍華人。性穎悟，弱冠通經史。官大興尹，兼管諸軍奥魯勸農事。縣居輦轂，事繁訟劇，剖决有方。升朝列大夫，以疾歸。至正間，還朝請大夫，監都安肅，政績卓然。

王庸，字伯常，利人社人，事母李氏以孝聞。母有疾，夜禱北辰，遂愈。及母卒，哀毁幾絶，露處墓前，旦夕悲號。一夕，雷雨至，鄰人持寢席往蔽之，見所卧地獨不濕，咸嘆异而去。

何源，字巨川，明習法律。歷官盧州路經歷、階承事郎。盧事務煩劇，源小心謹畏，以幹敏稱。累階承直郎、保定路總管判官。

董得禄，字景福，喜施好禮，里閈以善人目之。院有古井，傭人浚治之，其錢盈窟。得禄曰：『生子願忠孝，安用阿堵物耶！』遂舍不治。至於嫁娶孤幼，存恤死亡，置幼塾以教其鄉人，皆有成立，迄不責其報焉。

明

劉德和，觀之父也。達朵兒只之變，有二十三人避徙他邑，官捕獲，將斬之。德和力辨其無辜，得免。歲旱荒，人剥樹皮以食。德和漁易河，取麋麇雜烹之，食餓者，活數千人。

劉觀，字榮觀，洪武十八年進士。授太谷丞，召拜監察御史、左僉都御史。後出守嘉興，决死刑，刑者數伸手，有『黄金二千兩』字，觀即截其手以進，遂蒙成祖眷注。凉州羌叛，命觀以刑部尚書督諸將征之，凱旋，遷左都御史。時雄雲川衛駐城中，擾民，奏徙屯白楊口。官至太子少保。後御史劾觀并其子輻諸贜污不法事，仁宗怒，謫戍遼東，而命觀往，觀竟客死。

王齊曰：觀因得罪三楊，又適其子以游官妓忤諸御史，遂爲構陷。歸休，止有草舍數楹。貪墨者固如是乎？今人止據楊文貞《三朝聖諭》所載，而不知非公論也。且北人不事著述，耻自炫耀，其賢否後莫考稽，惟徵之愛憎之口。如雄二侯尚書，亦表表者，而《皇明通紀》無一字及之，謂之信史，得乎？

仲閔，字希曾，永樂癸酉舉人，授淮安同知。聰敏剛果，人不能欺。富陽趙公新以吏部行便宜事，識閔才器，薦守鳳陽。閔政務簡易，至驅逋盗、釋死冤，則數見稱，旱蝗、河疫，不能爲灾。當時元老，若高穀、苗衷，咸頌其德政焉。

胡斌，洪武末，雄有東門之變，加以土寇劫掠，枕骸蔽野，行者心悸，斌躬荆筐盛尸，别男女葬之西門外，越六旬始蕆事。

田莊，洪武末，以武功授保定後衛千户。孫珣襲職。正統間，北兵入塞，祖孫俱戰死，珣喪其元，歸葬東侯〔一〕留村，子孫遂絶。

王珹，永樂間縣學生。赴歲試，試牘脱寫命題，置末等，例黜名充吏，遂入保定衛供職。期滿，授河南磁州車騎關巡檢。磁當直豫之交，爲南北孔道，衝苦多盗。珹服官勤毖，孜孜察緝，南連彰德，北抵邯鄲，百餘里内，盗賊絶迹，

〔一〕侯，原文訛作『侯』字，今據嘉靖志改。今雄亦作『侯』字。

竟以勤事死。

侯瓚，字奉璋，景泰甲戌進士，授户部主事。奉命視湖廣饑，奏免積逋八十餘萬石，民困以蘇。歷員外郎，出守鳳翔，賑濟流移，全活甚衆。九載，升山西參政。歷僉都御史，巡撫甘肅。時有哈密之變，召赤斤、蒙古二衛，授以方略，克復八城，俘馘千五百餘。兵部奏聞，降璽書嘉諭，賜金幣。升南京工部尚書，轉兵部參贊機務。致仕，卒。公性儉素，尤惡求謁。子弟凡經不明者，不得舉進士，以故詩禮淵源，咸稱其家範云。

鄭襄，字廷贊，景泰癸酉舉人，授鳳陽通判。公勤廉静，招撫流移，全活甚衆。居六載，以疾歸。兵民咸稱之。

侯觀，字士賓，瓚之季子，甲辰進士泰之弟，成化戊戌年進士，授登封令。有豪猾，父子濟惡，人以虎目之。觀廉得其情，置之法。十八年，大旱，繼以[一]瘟疫，觀禱於中嶽，願以身贖，移時大雨如注，病者以起，歲亦大熟。二十年，復旱，觀發倉廩賑貸。部使者交章薦之。以治行异等徵。時父瓚爲兵部侍郎，例不得任御史，乃授户部主事。弘治二年，淮、徐大水，奉命往問百姓疾苦，奏免其租税有差。累遷户部尚書。致仕，卒，贈太子少保，賜祭葬。

趙循，字宗禮，言動真實，仁厚不争，人故犯之，亦不能詈人。事父母有古孝子風。中成化辛酉鄉試，授淮安同知。《淮安志》云：『勤政愛民，廉慎不苟，清理軍伍，尤所用心。』

趙律，别號漁樵子，循之弟也。性簡默慈愛，居家孝友。幼嗜學能詩，後感母疾，乃學醫術，洞究軒岐之秘，以濟人爲心，略不責報，尤精太素脉。易州霍公名恩注，誤失官，屬論其脉。律曰：『來春可辨明。』後如其言，得白。除上蔡令，過雄，復請論之。律聱愰不敢對，陰謂其子曰：『此斬首分骸脉也，凶莫甚焉。』正德辛未，果遭流賊之變，夫與婦俱死節。律爲詩挽之曰：『公脉昔曾屬我評，已知鐵漢是天生。乾坤祇識綱常重，夫婦能將性命輕。萬刃斷軀難斷節，千年埋骨不埋名。軻山風動蕭蕭木，猶是當年駡賊聲。』

［一］以，原文訛作『一』字，今正。

李大安，貢生，喜啓迪後進，一時名士多出其門。弘治中爲臨淮丞，多惠政。《臨淮志》云：『誠心輔政，一念愛民，至今感德焉。』

韓竑，弘治時貢生，仕至應州學正，經明行修，有古人風，學者咸宗事之。祀鄉賢。

袁宗儒，字醇夫，正德三年進士，授御史。按浙江，嚴禁溺女，并戒嫁女毋過費，浙俗一變。按河南，會河決，宗儒定規畫，慎出納，民力用蘇。是時，趙藩軍爲居民害，宗儒以法繩之，并劾諸輔導官，風紀大振。十二年冬，帝在大同，宗儒率同官力争；明年，又諫帝巡邊，語極危切。嘉靖三年，議大禮，廷杖。歷官右僉都御史，巡撫貴州。時叛賊沙保等及逋賊王阿騰遺害二省，宗儒相機剿捕，殲之。兩賜金幣，起提督鄖陽。巡撫山東，時歷城、章邱有窪田，久廢爲沮洳，乃以田數定夫額，令鑿渠通河，導河流入海，匝月而就，卒成膏腴。後升南京户部侍郎。肅宗狩承天，宗儒扈從。時民有以子易鵝獻者，宗儒顧同坐曰：『吾輩食人嬰兒也！』亟命持去贖其子。霍文敏曰：『文官不要錢，惟户部侍郎袁宗儒一人而已。』餘見《明史》。

吕應祥，正德十四年舉人，知恩縣。剛方廉慎，既去，民思之，爲勒石。

何思[一]，字慎之，嘉靖十一年進士，授襄陵令。政平俗變，民頌之。擬擢御史，被譖，改工部主事，遷户部。出知大同府，備兵陽和，辨疑獄，誅奸僧，修邊牆，有白金之賜，擢大同巡撫。上籌邊三策，允行。索還叛軍蕭芹等，以息句敵入寇之患，復賜金幣。以忤權要，乞歸。再起南贛[二]巡撫，改宣府，以疾致仕。鄉人有被屈者，每密白之，其人或踵門謝，輒拒不見。

郭鎮，字子静。祖俊邃於易學，由貢生官太原訓導；父稟懿有文名，人稱『易津先生』。鎮舉嘉靖癸卯鄉試，知臨朐

[一] 何思，嘉靖間曾任都察院右僉都御史，容城大河村人。其先何得用，其父何魯嘉靖間任山西平陽府汾西縣知縣。其墓在大河村，文革間被毁，今有墓碑、墓志等殘存。後人留有家譜，保存完好，從得用起至今世，已二十三世矣。

[二] 贛，本訛作『贛』，今正。

縣。邑值蝗災，鎮下令以粟易蝗。有大鳥啄蝗吐於水中者三日，人以爲异。世宗建萬壽醮於邑之沂山，局大費繁，届期悉辦，臺司服其才，且上青詞以應。黄冠輩初恣肆，至是咸慴不敢動。以父疾乞歸，父已瀕危，見鎮至喜，遂瘳。又七年而父没，鎮以哀毁卒，年僅五十二。韓希顔謂鎮『始以親疾辭官，終以親喪殞命，蓋本於至性者甚篤，亦古今所罕及也』。祀鄉賢。

韓希顔，字宗愚。嘉靖時以選貢授司城，竭力效職，不阿權貴，鞫獄發伏，多所平反，而銖兩之奸不遺。九載，升知忻州，讐凶剔蠹，抑强扶弱，新學宫，甃城堞，捕僞篆二十餘顆，搜隱糧二千餘石，而平反大獄尤多，大都瘁躬犯難，不務聲利。撫按交薦，升麗江府同知，尋以不爲私謝忤鹽院，罷歸。置義倉以贍族，身孝弟節義以善俗，見人之急，周之無吝色。年六十三，沐浴别親友而卒。

馬文學，字行先，嘉靖戊午、己未聯捷進士，授行人，選御史。按甘肅，闢峻嶺爲道，疏洮河以决犨昌，改驛傳，雪冤獄，核沿邊將弁，西徼賴之。繼按淮楊，命甫下，忽遷臨江太守，以忤張江陵故也。值郡大饑，賑救甚衆。尋告養歸，民尸祝之。京察，再謫霍州州判，累遷山西參議。祀名宦、鄉賢。子晋圖、出圖，皆能文，又皆友愛好義。

何玉德，字彦貴，思之次子，嘉靖己丑進士，授曹縣知縣，再令寧陽。有聲績，考選南京御史。神宗御極，具有《開經筵》《定紀綱》《辨邪正》《慎起居》諸疏，悉關大政。執法不苟，人感之。尋卒。

董鎧，嘉靖間由吏員選遂寧典史。時有流盗攻城，衆恟懼將潰，鎧毅然贊令守城，民賴以安。嘗署篆日坐堂皇，訟者至，立爲剖决遣之，以免訟累。年方壯，即致仕歸。董氏族大，鎧率以正，恤貧扶弱，間有不循禮法者，必嚴爲斥戒，改悔而後已。

董勸，字與善，隆慶時歲貢，任河南滎陽令。創滎志，修文廟，立社學，頗多善政。緩於催科，急於教化，以賦不及額罷。抵家，槖惟四金。勸孝友并篤，异母弟貧，以己産均分之。晚年修族譜，聚徒講學，郭存謙出其門。

蘇景，字鳳翔。善刑名，多陰德，恒生其人而不責其報。一日，其子出，收得遺金，景命往候之，失金者果奔號而來，遂驗還之。後孫琰登第，人以爲陰德之報。

李恒，字仲常。早出，拾白金一袋，亟還候於門。少頃，有吏人王振者，號呼狂顧，恒詢之，乃失柴夫銀一百八十兩也，恒即畀之，封識宛然。恒博學高才，貧苦尤甚，死之日，無以爲殮。

王秉義，嘉靖時强盗陳珮等入家行劫，秉義登樓射盗，傷其二。盗執[一]其母高氏，秉義大驚[二]，釋弓下樓，罄藏與珮，曰：『寧殺我，勿傷我母！』盗驚异之，曰：『孝子也！』舍之而去。知縣胡政聞之督學及按院，俱旌其門，曰『捐生活母』，曰『臨難全親』。

蔡逢時，字泰階。九歲失母，至長猶沾臆。父没，哀毁骨立，鏤香爲形，范金爲腑，嚙指血塗之，終身禮拜，視問一如事生。讓産於庶弟。鄉鄰借貸，力不能償者，悉舉券焚之。子可大，舉人；孫宏璧，進士。

李峨，號近庵，少工詩書，後習騎射，偉容儀。萬歷元年，選補大漢侍衛，升錦衣千户。持躬文雅，名公卿群相引重。魏璫黨錮禍起，清流蒙難，峨多所周旋。於鄉曲，尤推誠好施。封武德將軍。

李𡫸，深明《易》理，自號三無道人。容城孫夏峰徵君嘗從受《易》。

劉昌胤，字善同，萬歷癸卯舉人，任陝西成縣知縣。山多礦盗，昌胤履其地，誨以大義，悉解散。當事廉其才，俾并攝徽州。兩當縣令被戕，安定令亦爲亂民所毆，胥役被殺，皆委昌胤往緝。尋調補安定。安定處三邊子午之衝，輪蹄供億甚劇，將卒驕悍，爲民患，里甲包賠，逃丁近千。至則剔陋弊，善撫馭，請豁免，安定大治。升延安同知，督錢法。署隴州，除開采之害，清鼓鑄之奸。漢中王就封，所至騷動，關中震駭，撫軍命昌胤供應。乃陰結中官，舍陸登舟，省費巨萬，關陝若不知有此役者。中官某嘗語人曰：『善同倘一札及吾，立致顯秩。』昌胤聞而笑之，曰：『從容，從容。』卒不與通。乞歸居里，事异母至孝，撫异母弟、妹尤厚。歲饑，勸賑，桑梓賴之。

[一] 執，原文脱此字，今補。
[二] 驚，原文訛作『警』，今正。

劉昌元，號翼胄，昌胤弟。性直，重義氣，不以貴介自居。事母孝，大亂，奉母避兵，身瀕於危，而卒獲無恙。從兄昌胤宦於秦者七年，兄凡八攝州邑，奔馳旁午，而朝夕色養，惟元是賴。歸里課子，世豸登賢書。

劉湯澤，兄弟四人，父鍾愛之。父將歿，以床頭三百金密授澤。澤跪泣曰：『同胞，敢私恩耶？』悉均分焉。母年八十七，生事死葬，俱澤獨任之。年四十無子，妻董買陶氏女爲妾，澤立遣歸，是年董氏生子。

何仁，好施予，宗族賴以舉火者甚衆。萬歷時，邑大祲，設粥以賑灾民。復爲棺以瘞死者，力盡，繼以葦席，於東郭外施地二十畝爲義冢，至今封土纍纍焉。

李光先，與弟光啓相友愛。光啓病卒，光先一慟亦死。

馬希周，原名維藩，字齊莊，晋圖長子，由選貢中萬歷癸卯舉人。以文章經濟自負，常條陳邑事，多采行焉。有里猾無禮於希周，尋以他事獲重譴，知其冤，代白之，獲免，不知所由，久乃覺其好義如此。初就教職，遷河南夏邑令，舉廢修墜。升臨洮郡丞，建堡屯田，籌邊諸事，擘畫固詳。尋引疾歸。有《春雪堂正續草》《西行草》《中隱山房稿》《雕虫草》《藿食野謀》《抱罕議略》《折獄詞》等集。

張大武，字毅齋，萬歷甲辰進士。筮仕富平、臨朐，循良著績，百姓建祠祀之。晋户部，督崇文門税課、通州糧儲，釐夙弊。出守南陽，勸農墾荒，理冤息訟。後改姑蘇丞，及督理漕務，省費尤巨。擢南京户部員外，以病歸。兄弟六人，分給優厚，貧交待舉火者甚衆。因子懋勛貴，封蘇松糧道右參議。

郭存謙，字仲恭，鎮之次子，萬歷丁未進士。授山東濰縣令，歲饑，仿考亭義倉法爲永惠倉，以資賑貸。教士愛民，善政備舉。擢吏部，歷至掌銓，以事忤權貴歸。後起户部，進光禄少卿，時魏璫勢熾，有爲立碑頌德者，存謙不書名，以故三載不遷。崇禎改元，由通政進光禄卿，以春秋高予告，具言：『臣少孤，非祖母無以至今日，願得三品誥封足矣。』遂奉有『居官清慎，具見恬志』之旨。先後在光禄，如清逋賦、恤糧解、汰胥役、刱廒三百餘間、省耗數十萬石，皆人不樂爲者，而毅然行之。里居，後屢薦不起，年八十卒。子石麟，廩生，以蔭歷工部員外郎。孫沆，崇禎癸未武探花；

浚，康熙丙午舉人。

蘇恩，字普霑。萬歷時，以歲貢判山東武定州。州糧多積逋，奸里籍名苛斂，有寬限錢，又增斛漁羨，判沿爲潤橐者，此也，恩悉斥絶。上官嘉其守，委榷泰山香税，絲髮不染。解京邊餉，有脚資，概不受，户部吏胥有所需，亦不應，以是坐有遺逋，受薄罰。稍遷魯藩審理，去之日，民枳道注送。性友愛，從兄弟産落，割己田三百畝分之，以是重於鄉[一]。

王衮，字少河，孝行、文名重於庠序。萬歷年間，以歲貢授舒城訓導，精别士品。兩署南陵青浦邑篆，悉頌德不衰。又能出私奩爲公費，散嗣産於貧宗，賑長姊徐婦之寡，恤表侄李生之孤，讓華舍於諸弟，振家學於後昆，堪爲德行冠焉。祀鄉賢。

倪任賢，號用庵，慷慨剛直，誠於惡惡，遇有不平，輒面斥之，人皆憚其嚴正。萬歷二十一年中元日展墓，見道上遺囊有金，因止以待其人。日暮不至，挈歸，密不告人，次晨仍詣其處待之。見有號呼而來者，詰之，言與物符，遂畀之，其人願與平分，任賢不可。里人高其義，揭『不昧遺金』四字於其堂。馬維禎工臨池，爲之揮翰。

馬出圖，字仲瑞，天性仁厚，家無贏餘，而好周人之不足。里中遘疫，客傳奇方，能已疾，而藥價殊重。出圖曰：『莫重於人之命，藥何重耶！』因捐産施藥，活數百人。邑典史周應熊，閩人，妻死，又落職，出圖倡衆賻而歸之。李應科之子罹法，將鬻妻爲贖鍰，代爲捐資贖焉。庠生許學曾夫婦繼没，貧無以殮，乃先出錢穀賻之，以風諸好義者，遂瘞兩柩，餘資猶得贍其母及三孤兒。其他事多類此。次女適任邱邊維泰，生大綬，以廩膳薦賢良，令米脂，掘李自成祖墓。

干孫蕃，字三慈，萬歷戊午舉人。天啓丙寅，授昌平學正。州設總鎮，屯重兵，而明季陋例，教職得占二兵一馬。孫蕃訝其非禮，還之。元戎徐某委放四營兵餉，清心革弊，奉委監掺，營弁依陋例克餉銀以饋，立却之。其不嫺技藝者，

〔一〕鄉，原文訛作『卿』字，今正。

皆據實開報。時魏閹方熾，昌平文武官弁爲建生祠、竪碑，請書銜。孫蕃曰：『教官職微，不足爲重。』終不書。總督十二陵中使謁文廟，當事者比憲體，令司鐸手進茶，孫蕃不可。兩訓婉勸，孫蕃曰：『得罪中官，拂袖而行，所甘心也！』中使喻意，禮畢，不登明倫堂而去。崇禎辛未，升濟寧知州。州爲轉漕咽喉，下車後催重趲空，築堤挑淺，精力畢萃於河干。州有西庫，貯九省河工銀，歲不下千餘緡，出入私贏，例十之一，悉革之。額徵漕米近萬石，陋例鋪墊銀五百兩，收糧時淋斛尖、踢斛，一任低昂。力爲却賄察奸，以蘇民困。以時事多故，練城鄉壯士三萬人，爲七營，又繕城墉、建重闉、浚隍塹、造吊橋，申書慎固。以内艱歸。壬午起復，考授南京、陝西道試監察御史，具有《用人》《籌邊》《糾本兵》《薊督》《保督》諸疏。又具《流寇機有可圖疏》《罪監肆惡已不容誅疏》，兩疏并糾統兵太監劉元斌，元斌遂伏誅。又具疏薦倪元璐等，皆次第起用。至南京，巡視中城，禁援兵入城，清南糧虚冒。甲申，巡視淮揚。北京陷，福王監國，出按江西。丙戌，晋僉都御史。隆武奔贛，隨之，以病阻將樂，隆武尋盡。孫蕃在西臺三年，入閣十餘月，《表正嫉邪疏》凡五十餘上。卜居延平，閉户讀《易》，自號『居易道人』，日披龍溪、陽明諸集，所作皆有關人心世道之言。戊申十二月，卒，年八十二。墓在福建延平府，子孫遂家焉。

王孫鬱，字長慈，孫蕃胞兄，天啓丁酉舉人，授山東莘縣令。時弟孫蕃守濟寧，相去二百餘里，母韓乘板輿往來兩地就養。莘當寇盜充斥，備禦有方。著《城守要方》一書，山左奉爲碩畫，以勞卒官。

蘇湯宇，字寰慶，恩之子也，天啓中以歲貢任河南儀封訓導。性至孝，父病，割股嘗糞。父没，撫育庶弟俱入泮。有青縣任性浩者，以百金寄湯宇，忽盜劫其家，所藏幾罄，惟任金獨存，次日即馳還之。有友死不能葬，助之金，復割地八畝以襄其事。又故人妻子貧，捐助以倡。疾疫盛行，尸骸枕藉，伐園柳三十二株作棺殮葬，施地十畝爲義冢。凶歲，斗米銀二兩，盡出蓄穀七十餘石，賑[一]濟之。

[一] 賑，原文字前衍『之』字，今删。

蘇從訓，琰之孫也，萬歷庚戌武進士。歷官貴州青平參將，征苗蠻有功，升南京錦衣衛指揮使。

王喬棟，字弱侯，號北愚。生而母歿，少隨祖袞、司訓龍舒，即以文名於江南。萬歷壬子魁京闈，乙丑成進士，授陝西朝邑縣令。魏忠賢黨坐縣人王之寀贓，下喬棟嚴徵，喬棟不忍，封印於庫而去。巡撫怒，欲劾之，士民擁署號呼，攀兩轅門皆碎，巡撫慮變，乃止。官朝邑蓋僅期年耳。忠賢誅，起順天教授，累遷湖廣參議。楚中大亂，司道多不之官，喬棟兼綰七印，自分必死以報國。督餉至興國州，闖賊南潰大至，喬棟且戰且守，斬馘頗多。城陷被執，罵不絶口，死之，州人殮之。本朝定鼎，督撫哀之，舁歸以葬，賜謚節愍。傳見《明史》，府志入『忠義』。

唐中穎，崇禎丙子兵亂，舉家避難，父八旬，病不能行，隕於水，中穎憑河救〔一〕，溺死。舊志〔二〕云『被刃於親側』，其姊夫王宇澤有詩辨之。

蔡可大，字有功，榮九世孫，逢時子。仁孝友愛，出於天性，自少至老弗衰。中崇禎庚午舉人，因乞禄養，得高邑縣教諭。誘迪諸生，學田所獲，均分貧生；新進束修，不責厚薄。升山東陽穀知縣。舊例錢糧火耗加二，莅任即革之。驛傳銀舊例四六扣發，可大絲髮不染，驛丞感謝，祝壽饋銀器幣帛，往返再四，終不受。遭推官需索不遂，揑報不謹，罷歸。年八十二，卒。平生專臨池之學，得《黄庭》《聖教》之妙，凡有求者無不應，家家屏障書題遍焉。

蘇屏翰，由武進士屢立功績，升陝西榆林衛副將、天津衛總兵，剿土寇，歿於陣。

徐九才，世襲錦衣衛〔三〕百户，升南鎮撫司鎮撫。喜與清流交接。以緩楊左之獄，魏璫怒，逮九才，瀕死。崇禎朝白其冤，得釋。當世重之。

焦爾發，崇禎時武進士，任山西寧武都司，隨督臣洪陣亡。

〔一〕救，原文後衍一『溺』字，今删。
〔二〕志，原文訛作『去』字，今正。
〔三〕衛，原文脱此字，今補。

孫如梁，崇禎己丑武進士，任河南汝州衛守備。剿山賊有功，升天津右營游擊，以護漕捕鹽，直指獎之。卒於官。

郭石麟，號瑤圃，存謙子，廪生，以父廕官生，任刑部檢校，升上林苑監丞，苑地多爲豪强兼并，石麟履畝，清丈荒田，流民復業，增課額百餘金。升工部營繕司主事，時京師戒嚴，委視城上懸簾炮架。升員外郎，軍需旁午，寢食俱廢，病卒於官。

郭沆，字嘉士，由文學中崇禎己卯武舉，庚辰探花及第，授京營游擊。升參將，加副總兵，七月城守，卒於官。題恤，以鼎革中止。善騎射，技勇，爲時推重；尤工楷書云。

何繼芳，字繩武，中丞思之孫，丰姿醇厚，早入膠庠。略無裘馬習，事親孝，奉繼母無异所生。繼母本再醮，卒後，有前子願求歸葬，且時值貢期，如其請，尚可不服制致誤廷試，泣弗允，竟終喪焉。雄俗，無嗣者應别葬，季弟齊芳蚤亡，力主歸正穴，所自置産，任群弟分取。偶出，值兩市兒角，誤中胸，顔色不變；徐伏謝，不之校，又婉誨之，其大度如此。生平未常入偃室。兩舉優行，士林重之。

馬維垣，字嵎陽，出圖子，介毅有氣節。娶韓琛女。琛以乏嗣，置諸妾，不相能，皆出之。有華氏生子於外，謀欲還之，族人及諸婿利其産，皆左之。維垣白之官，取還之，人無敢异議者。琛德之，與之田二百畝，辭不受。邑人張九州貧而好學，維垣與以田百畝，助之成立。後與諸弟析産，凡諸弟所欲得，皆弃不取。蓋其平生義利嚴明，而耻俗之益偷，故剛决激昂如此。

李明柱，號鼎石，崇禎丙子舉人。食貧養母，艱阻備嘗，終不以榮禄易念。邑令鄢山王公常扁其門，曰『真孝廉』。

國朝

馬維城，字幼基，號石梁，出圖第七子，萬歷丙辰入縣學。至崇禎間，海内多故，乃留意兵家言，凡武備之書，廣搜博習；又與西儒湯若望游，受其火攻、鋭臺、車戰之傳。歲丁丑，應知縣張秉禮之聘，選練鄉兵六百名，於北城兩隅建西洋鋭角大敵臺二座。戊寅十一月，守城有功，題叙部議，奉旨旌賞。己卯，兵部給劄付，加都司銜，咨送保定總制楊文岳幕府，參謀軍事。時連年大旱，人相食，白洋淀有黠寇吴小泉者，據險鳩衆，寇掠水鄉，旋攻城鎮，自稱抄富濟貧王。九月，維城密與楊公謀剿捕，請訪勘巢穴情形。乃潛歸家，唤趙北口舊僕張演棹小舟，遍游萑苻中，佯爲踏看水田，凡八日，盡得其機密，并其門户徑途，繪圖具略，報楊公。乃於十月會新安、安州、高陽、任邱、雄縣鄉兵，三路進攻，小泉授首，餘黨悉平。十一月，楊公遣監總兵虎大威之師，剿高陽土寇董懷智等，密揭虎大威縱兵侵掠狀，楊公壯之。十二月，隨楊公剿撫順德府山賊。辛巳正月，隨剿唐山、神頭等寨，賊悉平。師旋，告歸。應知縣曹良直聘，於城南隅補建西洋鋭角臺二座，又於東、西兩城各建鋭臺三座。壬午，南應鳳陽巡撫高斗光之聘，既至，流寇攻正陽關，炮擊却之。尋應淮揚巡撫王鼎鎮聘，料理泗州武備，建西洋臺二座於州城。王公又轉薦於淮揚巡撫史可法，料理揚州城守，建西洋臺二十座於新舊二城，簡選衛軍八百名，教習火攻，設神威營。時加參將銜，仍候題請。癸未，王公去，維城亦歸，受真定巡撫徐標聘，料理防守事。甲申，闖賊至，知府邱茂華殺徐標，表迎賊入關。及賊敗奔，逆弁謝加福自立爲大元帥，僞設文武官員，强維城爲副元帥，不受，乃與諸不從者皆繫獄，以威懾之，終不從。會大兵至，始破獄出，得歸里。順治二年，巡按順天御史柳寅東奉詔薦舉山林隱逸、懷才抱德之士，八府共四人，維城第三，旨下吏部，以府同知用。尋以薦詞有『議論足方晁賈，韜略可媲孫吴』二語，乃咨送兵部，以參將用。尋謝病歸。十六年己亥，卒，年六十六，葬附莊頭祖塋。所著書有《臺炮圖説》《車戰條議》《籌雄長慮》《謀國長算》《平定心書》《自娱心書》。前五種已刻板，惜無存者。長子之驌自有傳。

姚羹湖曰：『當明季，以空談竊將校者比比，維城不以技能徇禄位，且能保身，雖名聞於朝，卒以布衣終，可不謂之義歟？』

馬魯，原名之馴，字君習。父維垣、兄之驪，皆另有傳。之馴爲人有志氣，不苟同於流俗。崇禎己卯，年二十六，鄉舉不售，嘆曰：『吾欲博科名，立朝謀國事，而今不獲，後此時勢日迫，恐不及待也！』素喜聲氣，結交多燕趙間高奇士，然少許可，獨傾服文安紀克揚，而與新城王餘佑、王方穀并友善。甲申二月，提學御史陳純德校士易州，之馴待試，殊不作，占畢事，潛與素識諸生之豪杰材武者五十餘人，爲壇盟易水上，相約入深山，爲避秦計。盟訖竟歸，越一日而賊軍至。三月，賊陷都城，僞官布州縣。五月，賊敗，傳聞吴三桂借兵復仇，還立太子，之馴大喜。時賊衆狼狽南奔，乃號召邑中賓客子弟，得士數百人，縛僞縣令郝丕績、僞教諭劉泰階，而立前訓導韓應節掌縣事；遣同事武舉劉溶等，賫僞雄縣銅契一顆，馳送吴三桂軍，以覘情形。溶旋持三桂諭帖，令官民削髮，改衣冠之制。之馴乃散遣騎從，偕清苑梁以樟兄弟，間道南行，渡淮謁督撫史可法言事，尋渡江。居無何，見南事不可爲，遂遨游山左，卜居諸城縣南九仙山之陽。慕魯仲連之義，改名魯。黄冠道貌，教授生徒以自給。康熙二十二年癸亥卒，年七十。無子，門人諸城臧振奇侍藥治喪，葬之諸城西南七十里莎溝村。所著有詩一卷、文一卷、琴譜一卷。

張九州，號澹如，以歲貢授山西解州同知，升山東登州通判。罷官後，家居講學。崇禎十一年戊寅，與馬維城訓練鄉兵。甲申，聞闖賊陷京城，潸焉出涕，潛詣墓林自經，爲家人所覺，得不死。又數年而終。

王喬梓，字南英，天性和厚，好與美成而滌垢，排難而解紛。族人有失睦構訟者，喬梓必爲調停和息而後已。明末，再從兄喬棟殉難，其得歸葬，喬梓之力爲多。順治四年，圈占役再起，民間墳墓多被圈，丘〔一〕木多被斬伐，民慟畏而莫敢誰何，喬梓憤之，首控於官。張公希顔詳部通行申禁，墓地盡還之民。康熙十五年，以明經授青縣訓導，升景州學正。

王喬松，字友房，前明拔貢，順治乙酉筮仕海豐令。墾荒勸農，興學課士，尤精於聽斷，釐弊剔奸，清正廉平，闔邑感恩，鄰封戴德。

〔一〕丘，原文作『邱』字，避諱字，今正。

王炘，字濟似，號茨庵，喬棟次子，事父母以孝聞。生而穎异端嚴，九歲能屬文，讀《尚書》即通曉大義。及長，博覽經史，肆力於詩詞古文[一]，下筆數千言立就。高陽孫少師深器之，妻以孫女。隨副使官福建，事無大小，悉與參決，吏胥稱神明焉。母韓恭人病，焚香虔禱，請以身代。巡撫蕭奕輔將以孝薦，力辭之。從晋江黄東崖相國游，極被器重。副使備衢，與部下陳卧子、吴幼洪輩交，所學益進。後與吴梅村學士遇，出所著述，吴極推重。乙酉，避兵於浙，干戈擾攘，猶與諸名士結社賦詩，其《五日》句云『孟嘗父子生前誤，屈子君臣死後明』，人服其典麗。是歲，副使有雲南之命，未之官，流寇破武昌諸郡，副使死之。炘悲痛致疾，自以忠臣之子，决意隱逸。丙午，移居六合之西圩。或有勸之仕者，不應，因作《拂志篇》千餘言、著《悔詩》六首以見志。子企埥，弱冠成進士，自有傳；企堂，舉人；兩女俱諳文詞。一堂倡和無虚日，以此忘貧。居西圩三十年，始還里，雖貧困彌甚，而誦讀不輟，作《辨道篇》以明朱陸之分，持議甚精。所著有《越嘯近言》《西圩草》《茨庵前後集》《歸來稿》《病餘録》，凡百餘篇。所編輯者，有史存、史抄、歷朝詩抄，又數百卷，藏於家。康熙四十七年，祀鄉賢。府志入『理學』。

趙鳳翔，字羽伯，别號丹崖子，律之曾孫也，年二十有文名。讀書會意，輒筆記之，有《廣言》《觀物》《聽音》《紀异》四種筆記。尤精於《易》，著《易學指掌》六卷，深有得於京房、康節，其卜筮故稱神驗。又精醫學，梓《太素病脉》一書，書成於鳳翔，而名曰『漁樵子』，明祖述律之秘傳也。又善畫梅菊草蟲。窮鄉閭巷，每有疾病，無不盡心診視，其應如響。所著書，姚羹湖先生猶及見之，惜今無存；而『趙丹崖』之名，則猶在人之口云。

袁士美，字實甫，宗儒曾孫，好古力學，中崇禎丙子亞魁，授興縣尹。因流寇倡亂，知時不可爲，遂封印歸。順治初，授清源令。丙戌，升南安知府。金逆之變，脅士美降，不屈，囚於獄。後大兵南下，械送南昌。譚泰固山嘉其忠義，委署廣信知府，尋予告歸。士美天性好學，誨人不倦，邑孝廉李鼎石、馬起潛皆受業其門，其餘如何丹一、蘇迴瀾、李

[一] 詩詞古文，原文倒作『詩古文詞』，今正。

丹九、郭喆生輩，皆執經門下，蓋所稱『博物君子』云。

韓逢暘，字若木，崇禎壬午舉人，順治初除山西安邑令。時甫經殘破，安輯有方。性剛勁，不畏强禦，以均役清弊，爲上官胥役所媒孽，官七月而被誣。士民呼冤，婦孺及鄰民咸裹糧從。逢暘〔一〕就鞫，四年事始白。歸時，民醵金爲贐，婦女亦脱簪珥佐之。後二載，爲梓所著《四書摘辨》《福堂卮言》，輦致其家。年六十九卒。

馬之驪，字君黄，崇禎丙子解元。主司素不洽於秉鈞者，遂勘驪卷停試五科，終明代不得第進士。國朝授山西河津令，以寬仁稱。行取刑部主事，歷郎中。有銓蠹作奸，以夤緣幾漏綱，爲驪所持，卒死於法。出守臨江府，臨江乃其曾祖文學舊治也，之驪撫之如家人。不久卒於官，貧不能殮，郡人哭之慟，奉木主於其曾祖祠祀之。

劉溶，字漢條，昌胤子，由文學中壬午武魁。國朝定鼎，見攝政王言事，授以征西將軍，從平西王西行，以母病歸。己丑中武進士，授河南宏農衛守備。

劉世豸，字直生。父昌元年近六旬，即閉户不踏衢市，謂三子曰：『汝輩有能繼先業者，吾方出與客游。』世豸爲之悚愧。崇禎壬午鄉薦。康熙時，任淮安府中河同知，水泛溢，世豸築堤岸，浚淤塞，凡包折冒代諸弊，悉嚴禁之。癸卯，擢廣東韶州知府。所屬六縣，舊例供應，盡却不受。有奸徒被獲，以八百金求解，大怒却之，卒服其辜。捐俸修葺學宫，於回龍庵建書院，六邑秀髦，咸就肄習。在韶七載，民立去思碑於回龍書院，祀韶州名宦。康熙四十四年，祀鄉賢。

劉世洪，字篤敬，居常繩渠循循。一夜賊入宅，父昌胤爲所執，扼其吭。世洪夢中驚覺，赤身持刃，斫賊中背，父得脱，賊亦刃傷洪左胯，流血淋漓，力鬥不休，賊遂駭散。父没，撫兩弟，讓産勉學。叔父亡，奉叔母如事所生，二十年如一日。

劉世銓，字簡生。弱冠遭兵變，入城尋母，道遇賊，負重傷，卒入城。

〔一〕暘，原文訛作『時』字，今正。

張懋勛，字若樸，崇禎癸酉舉人，順治初授湖州府司李，發奸摘伏，多所平反。丙戌，分校浙闈，太宰黄機出其門。己丑擢兵科給事中，尋遷河南大梁道右參議，升陝西固原兵備副使、蘇松督糧道右參政，所至著冰蘖聲。戊戌，寓江寧，病卒。懋勛天性孝友，苦心好學，暮年手不釋卷，人以徐廣目之；尤長於詩賦，蓋得力於古者深矣。

趙如瑾，字荆璞，崇禎丙子舉人，順治三年授浙江遂昌令。遂昌接壤閩嶠，僻介叢山，無城郭，依隘爲門，盗賊蜂起，瑾設鄉勇，嚴斥堠，間道走婺，請兵擊之。禦姚、顧二僞鎮於既亂，戢大盗鄭奇於將萌，賑饑緩賦，除豪猾，三載報最。行取授御史，視鹾河東，革車户、號頭、户口、領引、苛派、引張等弊，修運城牆，築解池决堤，撫山賊荆啓運等，以通運路，商民感甚，而歲額且溢。施按福建，殲逆黨，理冤獄，聲震海國。聞父病，告歸，多所建修，勤於賑恤。年四十七卒，葬雄山之陽。大學士胡世安爲之志，祀遂昌名宦。子士龍，官至常德知府。

楊雲翮，字搏九。崇禎丙子舉人。順治初，任江南常州府通判。郡素稱難治，翮惟以簡静馭之，不待追呼，而糧無逋欠。升山西平定知州，以罣誤歸，鄉居十餘年，惟以讀書自娱。

蘇東柱，字生紫，順治丙戌、丁亥聯捷進士，授陝西邠州知州。秦疆甫定，賊孽負險，東柱至，首擒大盗王近樓、一杆槍，并招雲裹飛、秦瓊等千餘人，革包賠、倉米、站車等弊，請屯賦、修學、建屋、修城、禦寇、賑饑，政績甚著。以奏銷兵餉解任，事訖，補保德州。卒於官。

馬之驦，字旻徠，順治甲申拔貢。是時國初，以推知用，不就，改教職，除灤州訓導。歷元城教諭、廣平教授、江都管河主簿，起授山東壽張縣主簿，帶管東阿河工，駐張秋鎮。制行醇謹，善爲詩，格律大雅，卓然成家。著有《易㲉》《詩㲉》《禮㲉》《四書㦸》《長林論世》《毛詩元韻》《算數新箋》《琴音新表》《古調堂詩文集》《三亭詞》《歷代詩防》《當代詩防》《張秋志》《養正集》，雄縣、新城二志。郭棻修府志，之驦任編纂焉。

何正芳，字宏竹，磊落好學問，授徒近百人，解元馬之驪，其高足也。順治時由恩貢令魚臺，爲政寬和，樂進子弟而教之。卒於官，士民歌思不忘。

常來譽，字中孚，順治戊子舉人，康熙十年官山西臨縣知縣。河潰浸城，捐俸三百金築之。邑有閻氏孀婦被殺，衆意其右鄰劉成章，來譽獨釋不問，晝夜走訪，得趙頑皮，贓證確然，按律擬抵。邑民正供外，諸陋規悉革之。每歲行春，深谷窮岩，靡不周歷。上下之交，一以誠信，民不忍欺。任三載，以絞犯脱逃被謫，士民餞送，有出三百里外者。十五年，補江西興德丞，卒於官，年五十三。

宋牧民，字嵩愚，北陽村人，順治乙酉、丙戌聯捷進士，授中書舍人。擢户科給事中，彈劾不避權要。十一年，具言『御史巡方，首嚴察吏懲貪，務期核實』；并陳剔蠹之法，略謂：『官評向屬推官，揭報、審勘，并出一手，望其平允，難矣。嗣後查取賢否，切實開報，當專責知府；發審貪酷，虚公究擬，當專責推官。在知府，以審不由己，自不敢行私意；在推官，以報非由己，自不至執成心。』又以水灾州縣申報不時，上《救荒疏》，乞敕下督撫，以後被灾地方，一面報灾，一面確查分數，隨即申報，不許延待。十二年，山東獻雙穗穀，舉朝稱賀，牧民具疏言：『旱灾遍河南、山西、山東，山東兼有蝗。急敕督撫早議安輯，用遏亂萌，庶招天和而被休嘉者，當不徒瑞穀爲然也。』是日，同官季開生以言事逮獄，而是疏適至，上覽之未盡即變色，令近侍傳呼牧民。同官相顧驚愕，謂禍不測。至内閣，上已旋宫，命閣臣詰民氏別有奏論否，并諭以『實心體國，勿沽名釣譽』。牧民對曰：『科臣職司言責，只此憂盛危明一心而已。』閣臣命北面稽首，授原疏而出。武闈期近，因奏論武闈朝審事宜；又疏彈巡撫鑽營、詞臣庸鄙、銓司婪惡，言詞激切，舉朝側目。久之，出爲河南副使，分巡汝南兵備道。以詿誤左遷，解組歸家，居二十年，凡邑中利害所關、體統所係，力爲主持，闔邑推重。康熙十八年，卒，年七十三，墓在南陽村北。

陳大方，字漢儒，順治戊子拔貢，除河南都司都事，署鹿邑縣，以白蓮教詿誤降官。補布政司理問，尋署富陽、於潛、嘉善、仙居四縣印，皆以興利除害爲已任。衙蠹、土豪，皆杖殺之；武弁、兵丁不法者，咸置於法。以不愛錢，遂不畏人，而人反畏之，杭城有『真不要錢』之謡。本司張某以其親戚某官托，而大方不爲庇，遂爲所中，罷歸。

李即龍，順治己丑進士。官福建寧德縣知縣。值海寇侵城，自發大炮擊之，賊知有備，不敢近。累遷隴左道副使，奉檄軍前，督餉有功。尋卒。康熙五十三年，祀鄉賢。

王宇澤，字陶六，錦衣百户學典之子。弃襲職不就，矢志誦讀，弱冠游泮，尋食餼。九戰棘塲不利，康熙癸巳，年六十三，膺歲薦貢於廷。壬子，歲選威縣訓導，時年八十二，猶精神王長，策馬赴官。課士恤貧，修齋舍，增祀牲，闔學諸生勒石紀績。越六年，告歸。又二年，卒，年八十九。著有《青氈吟》《噫囈集》，《畿輔詩傳》著録。府志入『文苑』。

趙士龍，號健庵，自幼讀書勵行，負經濟才。康熙元年，以密陳進取事，例准貢入國學。十八年，授湖廣衡州府同知。二十三年，升鎮江知府，以他事未赴。會修《一統志》，令各省測繪輿圖，撫院檄士龍膺是役，跋涉崎嶇，遍歷南楚，經歲始竣，積勞成瘁。二十六年，升常德知府，卒於官。

董圖，字抉祕，勸之曾孫。康熙十九年，以明經授陝西臨潼丞。到官十二日，即奉布政司提取，效用軍前，解運川糧。至陽平關，瘟疫大作，役夫死者枕藉。圖令僕隸煮粥以賜病者，死埋之，樹木牌志其鄉里、姓氏，自云：『非敢謂在關頭作此一段善緣，聊以吾不忍之念耳。』二十三年，以勞瘁卒於官，縣民賻之，始得歸葬。圖好學，盛暑祁寒，手不釋卷。設教鄉塾，負笈者屨滿户外。與人交，敬信兼盡。平生於物無所好，口不言人過。學以不自欺爲本，以不討便宜爲用。飲酒能百杯，醉後亦不亂，蓋氣禀中和，人中端品也。

郭浚，字哲生，石麟子，狀貌魁梧，天性孝友。六歲入小學，舉止端凝，不與群兒戲；長益嗜學，下筆輒千言，祖光禄公存謙深器之。兄弟析産，室廬田畝，悉受墝薄，人嘉其讓。先是，有秦人劉必暢者，偕計入都，途遇暴客，浚傾囊以贈；後劉捷禮闈，除湖廣宜城令，而宜城人王鼎鼐令雄邑，遂大重浚，利病悉訪之浚，浚亦盡言，而不以私事干也。順治甲午，拔貢入國學。康熙丙午，領鄉薦，授薊州學正。壬戌歲，駕幸薊州，召見，講《尚書·洪範篇》，奏對稱旨，邀賜宸翰，士[一]林榮之。升宣府開平衛教授。卒年六十九。

龐柄，字斗樞，平居重然諾，喜讀書，尤好兵家言，精奇門、六壬、五行、類占諸術，人呼爲『龐神仙』。與新城王餘佑交最篤。後徙居壽州東村，有田二百畝，手種棗千株，結茅數間，見者呼爲高士。置義學教士，其教以六行爲先，六藝次之，文爲末，一時從其化者甚衆。

王企埥，字苾遠，炘子，康熙乙丑進士，歷官至江西巡撫。少承家學，尤長於詩。所著《四家詩鈔》二十八卷，經文淵閣著録。四家者，清苑郭棻、鉅鹿楊思聖、任邱龐塏、文安紀靐也。每集各爲之序。又有《畿輔七名家詩鈔》，乃官江西巡撫時所録。七家者，爲埥父炘、永年申鳧盟、鉅鹿楊猶龍、定州郝雪海、清苑郭快圃、文安紀仲舜、任邱龐雪崖諸詩集。湯永寬爲之序，比於朱錫鬯選明詩，標父之什。蔡九霞《續廣輿記》云：『凡皆闡揚人物，先緒齊輝，良不誣。』立父之傳，良不誣也。

劉雲龍，字景曜，孤莊頭人。家貧好學，十八歲入邑庠，尋食餼。家居授徒，勤於講解，從游日衆。乾隆辛酉科中順天鄉試副榜，授深州安平縣教諭。乃盡出俸金修脯之費，鳩族人創建劉氏家廟，并建始祖墓碑；捐資置祭田，以爲闔族倡。敬宗收族，鄉人化之。知縣劉公念拔重其爲人，延爲鄉飲大賓，并旌其門。

王鴻典，字徽五，大步村人，乾隆壬申舉人，署應山縣。值歲大祲，特捐廉俸，設立粥廠，全活甚衆，邑人爲建生祠及去思碑。

袁世煌，字晴暉，乾隆乙酉舉人，選寶坻縣教諭，課諸生，寒暑不輟。嘉慶五年，擢山東福山知縣，清勤愛民，值蝗灾督捕，出家資賞捕蝗者。

王鴻謨，字[二]文叔，鴻典弟，乾隆乙酉拔貢，戊子舉人。歷任山西臨晉、文水、虞鄉等縣知縣，四十八年，調補太

[一] 士，原文訛作『土』字，今正。
[二] 字，原文脱此字，今據例補。

原知縣，所至皆有政聲。越二載，卒於官。

王清弼，乾隆乙未武進士，侯留人。補山西漢鳳營守備，積功擢陝甘固原提標左營游擊。嘉慶元年，湖北鄖縣教匪王全禮、徐良踞[一]泥河口之孤山村，將掠白河、洵陽，以攻鄖西。提督柯藩檄清弼督兵攻其旁寨，乘雨攻擊，殲、擒四百餘人。進攻孤山，先斷汲道，誘其出戰，衆兵復蛇行循牆而進，燬其寨，賊大潰，獲王全禮等四十六人，泥河口平。四月，升甘肅平羅營參將。二年二月，隨總督宜綿、侍衛明興由老君洞襲曾家山，有功。三月，偕副將玉柱等自清谿口擊姚家寨。六月，賊之竄四川者至秋波梁，清弼偕游擊王威凝擊走之。羅其清、冉文儔等踞方山坪，分路犯營，我軍預設伏，大敗之。七月，賊伏朱射斗營旁，拔鹿角争進，清弼率兵擊却之。九月，總督宜綿以方山坪險峻，必先得蓋頂坪、多福山兩寨，始能進攻，遂率總兵索費英阿、布政使楊揆至[二]方山坪，周歷營卡。以氈帽山地勢高，奪之有建瓴勢，令總兵楊秀等攻氈帽山、知州劉清攻多福山、知州常發祥偕朱射斗攻蓋頂坪。兵合，賊見多福山陷，遂大潰，清弼與朱射斗亟攻之，奪其寨，楊秀等奪氈帽山。越數日，遂克方山坪。十月，羅其清等與王三槐合擾巴州，宜綿檄清弼與知州劉清等繞道援之。三年，升貴州大定協副將。時賊首洪道人、胡透方等起蘭芽場，總督勒保率清弼及參將薛大烈等攻其東門關，由箐林等小徑克其寨，賊衆潰，洪道人、胡透方等就擒，奪牛灣，經略額勒登保馳擊之。七月，包正洪由谿鳴寺竄東南，清弼偕朱射斗及參將張文貴分三路圍之，大破賊衆，包正洪死。奏入，賞「齊喇巴圖魯」名號。十二月，賊冉天元、王登廷與麻柳灣賊合，額勒登保分兵截擊之，賊拒戰甚力，清弼没於陣。事聞，賜恤如例，賞雲騎尉世職，子丕承襲。餘見《國史·大臣傳》。

馬其駿，字雲亭，號南溟，乾隆乙酉舉人，官元城教諭。工詩，不事雕鏤，直抒胸臆，有《雲亭詩》一卷、《畿輔詩傳》録。府志入「文苑」。

〔一〕 踞，原文訛作「距」字，今正。
〔二〕 至，原文訛作「玉」字，今正。

董朝庠，字文崖，開口人，乾隆戊申舉人，授通州訓導。睹學舍頽壞，出家資、廉俸修之，不费[一]帑藏。嘉慶六年，大水，人盡啼飢，朝庠於本村施粥數日，人賴以活。至道光三十年，又大水，人苦如前，復行善舉，所活甚多。

王維鈺，字式如，鴻典兄子，乾隆乙卯舉人，嘉慶己未進士。歷官江南道、江西道御史。幼孤，事母以孝稱。年五十餘，母殁，哀毁慘凄，見者感泣。處兄弟以和，食指數百，終未析箸。官侍御時，封章屢上，輒焚疏稿。居鄉時，非公不至縣署，惟以[二]課子、督耕爲事；披蓑戴笠，游行阡陌，見者不知其爲達官也。道光四年，補授貴州安順府知府，中道病殂。

王統鈞，字仲衡，鴻典子。嘉慶五年，以例貢考充謄録。十六年，選授江西峽江縣丞，抵任後循[三]卓著。是時，清江有劉、李二姓争山，訟久不决，統鈞奉檄，勘斷明確，兩姓帖服。十七年，協理新淦縣事。邑有蠹吏周某，剥官朘民，贓私纍萬，統鈞廉得其狀，置於法。調任餘干縣丞，駐瑞洪鎮。地濱太湖，當朱毛狸滋事之後，民心騷動，統鈞以鎮静治之，居民安堵。鎮爲鄱陽湖西岸，夏秋水漲，渡夫貪載多人，每遭覆溺。乃捐廉津貼渡夫，每船以十五人爲率，覆溺之患以息，鎮人刻石紀其事。道光元年，權崇義縣篆。其俗輕生好鬥，大案迭出，統鈞明判嚴懲，豪强斂迹。邑有溺女惡習，爲之申明例禁，并建育嬰堂以收養之。六年，丁艱旋里，宦橐蕭然。服闋，授江西龍泉縣丞。十四年，權安福縣篆，查拿梟匪，清理積案，境内肅静。尋引疾歸，焚香餞送者十餘里不絶。十六年，卒於家。子肇渭服官江右，黎民愛載[四]。

董其英，字雲亭，開口人，道光丁卯欽賜舉人，戊辰會試欽賜國子監學正，辛未會試欽賜助教。頗善書法，其聯邀

[一] 费，原文訛作『廢』字，今正。
[二] 以，原文訛作『一』字，今正。
[三] 循，疑原文后脱字，或爲『聲』字。
[四] 載，通『戴』。

睿賞皆以此，尤工行書，迄今人得其片紙隻字，尤奉爲至寶。

張甘棠，字召思，南辛莊人，道光乙酉武舉，咸豐三年授鳳陽千總。未抵任，漕運總督委擒巨盜魏五於二堡卡。向榮兵忿餉將潰，甘棠馳慰止之，議足其餉，人心始安。八年，帶領練勇巡防涇河。捻匪圍淮安，守城有功，升荆州衛守備。同治元年，病歸，卒於家。從子壽昌以武庠生投效新雄營，積功擢大激店千總。

劉士俊，孤莊頭人。少習拳勇，後遇异僧道濟指授，技益精，并精楊氏八母梨花槍，於戚南塘《紀效新書》尤所深究。縣有巨盗回人白姓者，勇武絶人，吏莫敢捕，士俊單騎搗其巢擒之，患遂息。咸豐間，以技游京師，爲廣公所識拔，命於正白旗演武廳教練禁旅。後隨其徒某宦游廣東三年，復游京師，教練禁旅。晚年家居，教練子弟，至今村人猶有尚武風焉。

孟昭禄，孤莊頭人，少孤，事母以孝聞。母病卧床蓐，晝夜無違左右，自飲食起卧諸事，皆躬自扶持。後持母服，疏食飲水，雖鹽菜不御，不入内寢，冬不衣絮，喪葬一秉古禮。服闋猶不懈，如是又九年。凡母所遺物，皆謹藏之。母畜雞，飼之至死，埋之，不忍食也。兄昭珍不事生産，咸豐年邑大水，産落，則昭禄復之。母没，産業悉歸兄，纖毫無所取。獨與妻居，食力以自給，然常省嗇口食，有餘輒以給侄輩，并以周親黨之困者，蓋其天性如此。年七十三卒，無子。

袁琥，字繡堂，龍灣人，咸豐辛酉舉人，歷任廣昌教諭，趙州、通州、昌平州等處學正。年五十四，卒於昌平任所。琥性至孝，本生父卒，終三年喪，然後起復。又性好義，凡有利於鄉里者，身任之而不恤，鄉人額其門曰『愛深桑梓』。家居授徒，多士自遠方至。歷掌雄文及蘇家橋書院，勤於課士，日閲課文數十卷，皆嚴爲點竄，以勞成疾，猶不倦。及爲學官，尤以教授爲己任，一時賢士多從之游，經其陶成者，往往掇巍科以去。子其禮，自有傳。

袁其禮，博學能文。庚子之變，憤國論〔一〕不綱，遂以拳匪召外兵，雖議約行成，而利權盡失，獨居痛哭。或瞋目大呼，則援筆引紙疾書，一紙輒數千言，書竟即碎裂弃去；或大聲自誦，誦已輒長嘯，或又大哭。有從而拾得其弃幅者讀之，蓋斥庸臣誤國，并揭國君死社稷及城存與存、城亡與亡之義，其言絶痛。然拾得者不過十之一二，其書斷絶，不可復屬也。有走告以車駕還都、新政施行者，益愈痛哭，或竟默然不答，如是者數月，人皆以爲發狂。壬寅三月，爲其猶子授室，既成禮，乃夜具衣冠投水死。其女年十二，從與俱溺，遇救免。婦劉氏不哭，絶食數日死。

張其賢，邑庠生，鴻雁街人，家居教授，勤於訓迪。三十六歲喪偶，誓不再娶。年七十三卒。爲人方正廉静，一時推重。

名宦祠

宋・河北緣邊安撫使，前知雄州，文水何承矩
宋・河北緣邊安撫使，前知雄州，并州李允則
明・雄縣知縣，處州程九鼎
明・雄縣知縣，單縣秦紘
明・雄縣知縣，夏津王夢賢
明・雄縣儒學教諭，洛陽王繼禄
明・雄縣儒學教諭，利津魏綸
明・雄縣知縣，鈞州馬紀

〔一〕論，通『倫』，理也。《国语》卷十四：『若愛欒盈，則明逐群賊，而以國倫數而遣之。』

明·雄縣知縣，固始易鴻
明·雄縣〔一〕知縣，章邱謝九儀
明·雄縣儒學教諭，新蔡王齊
明·雄縣知縣，松滋胡政
明·雄縣知縣，蒙化范元愷
明·雄縣儒學教諭，棗强李芳生
國朝·雄縣知縣，桐城姚文燮
國朝·雄縣知縣，西華凌松林

鄉賢祠

明·禮、刑二部尚書，都察院左都御史劉觀
明·南京工、兵二部尚書致仕侯瓚
明·户部左侍郎，升尚書致仕侯觀
明·應州儒學學正韓竑
明·南京户部左侍郎袁宗儒
明·巡撫大同、南贛、宣府都御史何思
明·江西右參議致仕，前監察御史馬文學

〔一〕縣，原文脱此字，今據補。

明·山東臨朐縣知縣郭鎮

明·陝西同州儒學學正王衮

明·光禄寺卿，前吏部文選司員外郎郭存謙

明·浙江金衢道，升湖廣糧儲道，殉難王喬棟

忠孝節義祠

宋·僉書樞密事，贈開府儀同三司張叔夜（節）

元·利人社處士王庸（孝）

明·總師都督楊松（忠）

明·總師都督潘忠（忠）

明·人和社處士胡斌（義）

明·監軍禮部侍郎陳復初

明·領軍都督瞿能

人類第五

本境於旗、漢户口外，兼有回回種人，無他種族。本境回人之源流及世系，今不可考。其人民多聚居，而多丁姓、馬姓，凡同教者皆以中表行。夏村回回營及北斗村各數十户、西槐百餘户，皆係舊居；東照十三户，則自光緒初年自滄洲遷居者。其教七日一禮拜，禁食猪肉，不食烟酒。男子至十二歲，必以刀割其勢之皮線；俗號『挑筋』，譯曰『耐損』。人死，則請教師唪〔一〕經，解其遺衣以予教師，而以白布裹尸而葬，不用棺椁。夫死發喪時，婦不出門，即不改嫁；若送至門外，不日即他適矣。其人善經商，不喜稼穡。然性强悍，屢與漢人齟齬，蓋猶是摩哈默德之以征服异教爲莫大功德之宗旨也。禮拜寺不設偶像，唯地上作三級，各取花瓣遍撒其上，群向而拜；或中間立一木堆。每月初三，各於所居門外向月念經，合掌跪拜。

〔一〕唪，原文訛作『啛』字，今正。

户口第六

户口之登耗，猶草木焉。草木之散布種子也，苟皆落於適當之場所，則滋長發榮，將不數年，而天壤間幾無容樽俎之地。然則人之生也，苟無兵荒疾疫以戕之，而農商各業又足以長養而滋殖之，則其由少而多、由散而聚，亦意中事耳。本境户口，康熙九年知縣姚公文燮修邑乘時，户才四千零五十六，口才一萬九千四百三十八耳；至光緒十一年李文忠公修府志時，則爲户二萬九千零九，口一十一萬八千四百九十一；至光緒二十七年知縣毛公隆光調查户口，則户已減至一萬七千九百三十六，口已減至九萬二千八百六十八。當日調查之數雖不足據，然此十數年中水旱疾疫相仍，重以庚子之變，拳教相仇、官軍緘捕、聯軍驛騷，民之死於歲、死於病、死於亂者，正不少也。今據本歲各村户口册照録一通，俾留心世變者得以覽觀焉。

旗户除滿洲駐防營百餘户聚居北城，其餘皆散處於各鄉，如南關徐，大營梁，後營楊，道口趙，皮家營劉，西槐金、王，西張岡郭，望駕臺高，任家莊任，夏村高，大謝于，趙村梁，東羊羅，西羊焦，開口王，約共五百户，二千餘人。漢、回户共一萬八千二百九十四，口八萬三千四百二十四。内城關六鋪八百三十七户，口四千五百三十五；東路户四千五百二十二，口二萬二千五百三十六；南路户五千八十三，口一萬四千六百〇三；西路户四千九百五十一，口二萬六千一百一十一；北路户二千九百〇一，口一萬五千六百三十九。以上共男四萬九千一百二十二名，女四萬四千三百五十五口。

氏族第七

四修志馬之驌曰：『雄人之先，多係永樂初自小興州内徙。』又按《定興縣志》：『永樂二年，移大寧民實畿内，定興之民半出興州，雄縣亦然。』觀於此言，則雄人之世系，可以得其大凡矣。常考雄人自五代時始有垂名史册而聞於世者，然劉昫兄弟以亂離而去鄉井。及明鼎革，宦游如王孫蕃、王炘、馬魯等，或流落閩浙，或隱居齊魯。圈占役起，其携家遠避，如韓永譽之教授高唐，終身不返者，蓋不可勝數。蓋亂離之後，人不復見昔日都人士之盛也久矣。舊時王謝，下伍齊氓，盛極而衰，夫亦何限！矧夫庚子變起，本境受創尤深，兵燹之餘，文獻蕩盡，即欲訪諸世家譜牒而一讀之，而亦鮮有存者，豈不重可慨哉！今據舊乘之斷簡，及述諸父老之口碑，約舉一二如左，遺漏正多，容俟博訪。

董氏，自正定府藁城縣遷居本境東路開口村，至今傳二十六代。其家祠楹聯云『派演藁城八百載』，相傳爲三十年前撰，則遷居本境，當在北宋。

孤莊頭村劉氏，始祖海，本貫鳳陽泗州盱〔一〕眙縣，相傳爲侍衛之屬，從明成祖北征，遂家於雄，國朝乾隆時豹尾猶在。順治初，登武鄉榜者三人，曰淳，曰呈蘭，曰國鈺，而呈蘭尤武力絶人，曾平巨盗。至十一世雲龍，中乾隆辛酉副榜，授深州安平教諭，乃重修家乘，建家祠。知縣劉公念拔重其人，延爲鄉飲大賓，并旌其門以榮之。迄今宗支蕃衍凡五百餘人，歷五百餘年，傳二十一代云。

常氏始祖還淳，明永樂元年由山西洪洞縣遷居城西常家莊。傳至四明，中順治乙丑進士。紳，康熙壬子進士，由兵

〔一〕原文訛作『盱』字，今正。

科給事中治水淮陽，凡七年工竣。康熙四十四年八月望日，恩賜御製詩云：『蒼蒼落日時，鳥聲亂溪水。緣溪路轉深，幽興何時已？』卒祀鄉賢。後遷城内。廷模，乾隆庚子經魁，任浙江嘉興知縣，卒祀名宦。傳至俊臣，凡若干代。

城内馬氏，始祖甫成，明永樂二年由小興州遷雄。六世文學，八世維藩、維城，九世之驌、之馴，俱有傳。十世班如，康熙乙丑武進士，江南守備。十一世任，康熙壬午舉人，豐潤縣教諭。自始遷至此，科第最盛。十六世篇章、十七世佩珍，皆謹飭士。至今傳十九代。

馬務頭謝氏，始祖志暭，明永樂間由小興州遷雄。八代至龍躍，康熙丙午舉人。九代自泌，雍正丙午舉人，江西南康府知府；千子，乾隆己未進士，歷任河南遂平、雲南昆明等縣知縣。十代廷楚，贊皇縣教諭。十一代昌學，乾隆辛卯舉人，河南南陽府分府。至今傳十五代。

留村蕭氏，明永樂四年自小興州遷雄。傳至豐功，乾隆己卯舉人。

大步村張氏，始祖奇，明永樂年自小興州遷雄。傳至對墀，以武進士任廣西左營守備；向墀，武舉，任湖北德安衛千總。至翼紳，共若干代。

北陽耿氏，始祖文，明成化年由小興州遷雄。十一代淑濟，雍正甲辰進士。十二代士毅，乾隆癸酉副貢，鄉飲大賓。十三代銑，乾隆癸酉武舉，淮南頭幫領運千總；鎮、光，皆武舉。

留鎮劉氏，始祖文，前明錦衣衛親軍指揮都僉事。世居城内，後徙留鎮。昌允、世豸，自有傳。有德輿者，河南懷慶府副將。溶，康熙癸未武進士，河南宏農衛守備。慧奇，雍正庚辰進士，内閣中書。謹訓，雍正壬戌進士，四川通江縣知縣。至一枝，共若干代。

城内唐氏，由浙江遷雄。有作雲者，康熙間署江南江北狼山鎮右營守備。乾隆四十年，遷居城東道務村。有攀龍者，歲進士；國鈞、國華，其後也。

小王仇氏，始祖禄，由江蘇淮南府山陽縣葛家莊遷雄。八代元基，進士，雲南知縣。至翰垣，共十二代。

宗教第八

本境宗教，向止釋、道，所謂僧會司、道會司是也。回教不知何時始入本境。天主教則自近年安州鄉立天主堂，而教徒始多。此外又有茶葉教、在理教。茶葉教徒，燒香念佛，兼以茶水符咒，爲人療病。在理教徒，相傳奉明進士楊來如爲教主，入其教者，不論老少，皆如兄弟，終日飲茶，禁食各種烟酒，信徒頗衆。而釋、道教徒反寥寥焉，道教尤稀。自道會司外，各廟皆火居道，娶妻置産，與平民無异，此不足爲道教也。今并約舉其數如左。

回教徒约一千餘人，天主教徒约二千人，釋教徒男女僧尼約百餘人，道教徒十餘人。

實業第九

本境地勢平坦，適於產穀，四民之中，農居多數。不獨肩挑負販及百工技藝之流，當農忙時皆盡力於畎畝。即入庠食餼之諸生，其以横經而兼負耒者，蓋比比也。名爲士工商，實皆農耳。今則出外學者頗不乏人，而本境之高等、初等各小學堂，亦多按時授課，不至分力於農，蓋亦如士之子恒爲士[一]、農之子恒爲農矣。其他若牽車服賈、列肆經商者流，亦皆終歲營營。而工藝局此後日興，尤可居肆以善其事。蓋人智愈進，生業漸分，此亦自然之數也。

今舉人民之有職業者，大别爲四，條舉其數如左。

士共七百餘人，約分二類：一入各種學堂者，約三百人；一曾入縣學者，共四百六十三人。農共八萬餘人，漁業百餘人。工共三千餘人，有木工、泥水匠、織工、剃工、針工等類。商共二千餘人，在本境及北京、省城、天津者爲多，其在鄰境市鎮者則居少數。

[一] 士，原文訛作『土』字，今正。

地理第十

康熙初，本境四界均有界牌。姚公文燮修縣志，述其緣起，云：『緑林跳梁，畿輔爲最，功令責有司疏防追捕之罰甚嚴，而萑苻竊發之處，或介州縣接壤，則争尺寸，以相推諉。頃奉憲行，通於交界設立木石界牌，備書里數，畦步若列眉矣，今皆朽圮無存。且疆界亦小有變易，如花木廠向屬文安，在界牌東，今爲縣屬；四角河頭向爲縣屬，後屬安州，此舊界牌之不足據者也。茲但即交界之州縣書之。又，本境宋初分十二鄉，後爲十鄉，今其遺迹渺不復存。明初分十二〔一〕社、七屯：十二社，曰人和、義和、利人、太平、進福、慶豐、豐樂、衆安、進賢、賓興、福順、安寧是也；七屯，曰民歌、保寧、禮義、定安、輯睦、致福、殷富是也。社爲土人，屯爲遷民。嘉靖四十年，知縣魯直另編十二社，而以七屯并入，改福順、安寧爲大保、禮定，每社十甲，分統本社各村里。社各有壇，春秋二仲月上戊日，各里人齊集本社，祭五土、五穀之神，祭畢就行會飲，先令一人讀抑强扶弱之誓，所以敬神明、和鄉里也。其時村落尚少，每社所統之村，多或十餘，少止三四，故按社而可知其村；今則生齒日衆，遷徙靡常，往往一村而分隸數社，且有社甲繫本境而其人久徙他境者，轇葛駕隔，汗漫無紀。光緒二十五年，知縣胡公賓周辦理聯莊，編定村莊，除城關舊分六鋪外，共分四路，茲志仍之。

本境在省城東北，縣治距省城一百二十里。東界順天府屬霸州保定縣，南界河間府屬任邱縣，西南界安州，西界容城縣，北界新城縣。東西距約九十里，南北距四十里。

〔一〕二，原文訛作『十』字，今正。

城關六鋪北營、東關附

城在瓦濟河之陽，周九里三十步，即初唐之歸義縣城。宋景德間，知雄州李允則展城至北嶽祠，故南北長、東西狹。東門曰永定，南嚮；南門曰瓦濟，南嚮；西門曰易易，西嚮。東門外吊橋曰東作，西門外吊橋曰西成，今并圮。有鋭角炮臺十座，崇禎間知縣張秉禮、曹良直聘馬維城用西法修築。舊有外羅城，宋李允則築，周十八里，今圮無存。永定門外有東西街，曰東關；瓦濟門外爲南關；易易門外爲西關。以無北門，故無北關，今圓通閣北即古雄州之北關也。

一鋪起南關南境，北至瓦橋南口。有街曰瓦橋街，長二里半，户口滋繁，市廛林立，每月有初五、初十、十三、二十、二十五、三十等日六集。瓦橋街南首有慧光閣即白衣閣，北嚮，遥對南城門，萬歷三十三年建，祀觀音。閣前路西曰華公庵，俗呼來僧廟。崇禎間，縣人内監華顯金於觀音庵門前開井築舍，爲施茶之處。康熙十五年，知縣謝檀齡設義學於其中，今久廢。再北路西有藥王廟。稍北曰雄關，即古之瓦橋關，跨街中，人由下行，舊有門爲啓閉；上有閣，祀火神、文昌，文昌南嚮，火神北嚮。其下西偏有關帝廟，南嚮。又北路東有泰山行宫。

瓦橋街西爲西後街，東爲東後街，居民尤爲富庶。迤北沿河有東西街，曰小東關。有蕭聖廟，臨瓦濟河。其南有觀音廟。迤東有劉守真君廟，南關公立初等小學在焉。稍東有關帝廟，門額曰『山西會館』，蓋西商所建。東南一里曰壇台村，南壇在焉。有司於春秋二仲月上旬擇日同壇祭：設木主三，風雲雷雨居中，山川居左，城隍居右；帛七，俱用白色。燎所在東南。有壇户掌其事，世居此村。

二鋪地爲南關北境，南起瓦濟橋南口，北至南城門，東至小雄山，西至河，西北至西城水門之南，交六鋪界。中爲瓦橋街，東爲二聖廟胡同，西爲灰窩，迤北曰木廠。近歲以來，清河屢溢，堤岸衝決，沿岸房屋半圮於河，居民日形寥落矣。

瓦濟橋跨大清河上，即古之瓦子濟橋。唐時置瓦橋關，即取此名。橋爲南北通路，遇有傾圮，縣官請帑修補。橋北路東臨河者曰二聖廟，北宋時建，祀二郎及關帝，并祀龍神，額曰『三神廟』。焚楮火池中有石僅露寸許，曰『纜雄樁』，傳云觸之有水患，久埋於地；今則沿河街道半付東流，亦足見當日迷信之語之無稽矣。橋北路西有船局，由縣官派人查稅往來船隻，以辦本地要工爲名。

三鋪地當城内南境，南起南城，東至準提庵之西，西至藥王廟，北至縣署後儒學口之南。中爲瓦濟街，北抵四鋪之圓通閣。南門内路西有王節愍公喬棟家祠，久圮。又北有義倉，光緒十八年知縣王公開運建。路東有捕廳，即典史署。東有横街，曰澄清。西口有七省通衢坊，臨瓦濟街。七省者，山東、安徽、江蘇、江西、浙江、福建、廣東，蓋皆以此爲驛路也。北有横街，東曰承宣，西曰皇華，横貫瓦濟街，俗名十字街。縣治在承宣街，衙署壯麗，光緒十年知縣趙公映辰重修。中爲大堂，後爲二堂，再後爲官宅。大堂左側爲庫房，右側爲縣隊差官駐所。墀下左爲吏、户、禮三房，右爲兵、刑、工三房，中有戒石坊。南爲儀門，再南爲大門，左、右有石獅二，外有照壁。東有馬號，曰歸義驛，馬神廟在焉。皇華街舊有歸義驛，即故附郭歸義縣治舊址，後建察院，今久圮。其西有南北街曰西後街。南首有觀音堂，北嚮。堂西有芥子庵，庵南爲五道廟，北有新建藥王行宫，共在一院，是可謂叢祠者矣。西後街北半里路西有藥王廟，已圮，去歲因公立初等小學，取其材木以充經費，而碑巋然獨存。

四鋪地居城内正中，南至儒學口之南，交三鋪界。再南至準提庵之西。東至東城。東北至東城門。北至土地廟西壁下。西至一門三節坊。西南至考牧街，入東口以至馬神廟西。

文廟在縣治之北。内有雙井，在頖池前，東西相對。前爲欞星門。路南爲魁閣。東爲雄文書院，今正建高等小學堂。再東爲義學，今爲學堂厨舍。其東爲文昌宫。文廟西爲節孝祠。西北爲訓導宅。路北爲儒學。舊學在東北，俗呼夫子窪，洪武時知縣程九鼎移建於此。中爲明倫堂。後爲鏡堂，明教諭王齊建，用以燕會諸生者——『鏡堂嘉會』爲縣境八景之一——今爲教諭宅。東爲崇聖祠，并明倫堂，皆光緒十七年教諭于福澤建。

唐觀音寺在瓦濟街西，相傳唐時建。舊有僧會司在内，後移圓通閣。閣在瓦濟街北正中，南嚮。閣後左方丈，爲康熙三十年馬之驦奉知縣張公委修縣志之局館。西北有天寧寺，即明雲川衛故地，本縣朝賀、習儀在此。寺前爲天寧街。

西首有觀音堂，北嚮。由此南行爲西後街。路東有泰山行宫，并祀齊無鹽，庚子之亂，德軍駐劄時毁之。南抵廢藥王廟，交三鋪界。

圓通街自閣東直抵永定街，舊無居人，嘉靖時知縣胡政營屋立市，招民集居，順治末凋殘，至今蔓草荒烟而已。閣南西口爲城隍街，有城隍廟，道會司在焉。西側有知縣凌公松林專祠。稍南有關帝廟，地方官歲時致祭。再西爲真武廟，係銅像，嘉靖七年馬文學建。城隍廟前有一、六、三、八日集。瓦濟街中有馬家牌坊二，今并圮，惟石基尚存。又南爲學坊街，舊有儒學育才、興賢二坊，今圮。再南西口有考牧街。西抵西後小街，今已廢，無居人。東門曰永定，門内有東西街，曰永定街。有觀音寺、玉皇廟。北城上玉虚宫，即李允則所建之北嶽〔一〕廟。仁宗康定年，北人胡知遠來侵，夜半見真武現形，尋敗遁，乃令改祠真武。今與城下玉虚宫并圮。東城下有南北街曰倉後，以舊預備倉及舊社倉皆在縣門東，此街適在其後也。南首路東有三義廟，邑之勸學所在焉。廟西有撫按察院，久圮。察院南爲準提庵，北嚮街口。由此北行至學坊街，東爲城缺口，光緒二十六年德意志兵駐劄所開。北接興賢街，遥抵永定街。街長二里，東爲城垣，西多積水。明萬歷十四年，知縣康功營屋數百間，招撫流移；自國初已荒廢。

五鋪地居城西北，南至一門三節坊，東南至滿營，東至土地廟西壁下，北至北城，西至易易門。有小真武廟、忠孝節義祠、西門關帝廟，今并圮。街曰易易街。東行數十步，轉向南，過官溝關帝廟，南抵觀音堂。自官溝至此又名鴻雁街，向無居民，萬歷年間知縣劉羽國營屋立市，以招流移，故名。舊有惠民藥局，今久廢。

六鋪地爲西關北店，南至西水門，東至西城門，北至真武廟，西至河西娘娘宫。有永通街。永通橋跨白溝河上，明景泰間知縣曹偉創建，正德間易鴻重修，國朝康熙間戚重進、來淑洙均有重修。維時六鋪之盛亞於一鋪，每月有初八、十一、二十一、二十八日四集。自道光年橋壞不復修，道路不通，而六鋪遂衰落，鋪户盡閉，而人烟寥落，至今茅房數

〔一〕嶽，原文訛作『獄』字，今正。

椽，散布於蔓草荒野間，欲問當日事，而故老無存矣，則甚矣道路之有關於商務也。門外舊有七屯社壇，今圮；其北有社稷壇并縣厲壇，今并圮，惟縣官歲時致祭。

忠義冢在西門外半里，約三畝餘。明建文初年東門之變，義士胡斌收瘞國殤於此。嘉靖末，知縣馬紹英買地十畝，以補冢西之缺，植樹木，修牆垣。萬歷中，建關帝廟於上，此外有真武廟、善慶庵，今并圮矣。

劉家園，康熙中縣人韶州知府劉世豸築，有竹木水石之勝，今無復存者矣。演武場在永通街南，有閱武堂及將台，明初有旗纛廟。雄縣汛把總舊駐於此，自六鋪塌役後，移往南關，而是地遂專爲誅戮罪犯之所。

五鋪外有滿洲駐防營。知縣袁公衍任内，城内大盗行劫，牒請滿兵駐劄。康熙十二年癸丑歲，添設滿官三員、披甲五十名，取民地建營房，官署三所、披甲住房一百間，東北隅有演武廳。光緒二十六年，德法聯軍入城，滿營頗蒙損害。

永定門外左側爲大東關，有東西街，居民百餘人，多業屠宰。南行里許，路左有劉家場，外築堤植柳，宛如村落，然止一姓，係城内新遷此者。

城東二里曰亞谷城村。居民多以熬硝或以硫黄蘸促燈爲業，自火柴行，而此業漸歇矣。村民散處，東西绵亘二里餘。中有先農壇，每年仲春致祭，祭畢，縣令親耕，典史播種。又有三義廟，廟碑石有文，如畫山水，雨濯更鮮明可鑒。東南有關帝廟，廟前有亞谷橋遺址。西北一帶，舊有壟斷如廢城，世傳燕桓侯建，村之名城以此。舊志云『漢景帝封盧它爲亞谷侯，在雄之東』，不知『亞谷』即『崿谷』，地在河内；且是村原名『大古城』，特因舊志而訛爲『亞谷城』耳。邑人馬之驌嘗辨其誤。

亞谷城北三里曰邢村。村南有土臺，俗呼虚糧冢，上多狐穴。村東有真武廟，銅像，有碑。又東北一里爲西安各莊，東半里爲東安各莊，莊有張家、姚家、趙家、馬山諸淤淀。又東一里曰賈家莊。又東一里〔二〕曰小步村，舊曰小姑，有安

〔二〕一里，原文此二字倒乙，今正。

寧里社壇，今圮。有緑鬚淀，久淤。有天齊廟，當村之中。又東北過蘆僧河，凡八里曰孤莊頭村，東界新城縣屬李林莊。村多古廟，半皆傾圮。有雨霖寺，明嘉靖年建，有佛及韋馱像，係木雕，八面玲瓏，群疑鬼斧，在各寺中爲僅見。公立初等小學堂并半日學堂即在寺之後院。村西南隅有泰山及藥王行宫，碑文磨滅。東南隅有劉氏家廟，乾隆四十九年安平教諭劉雲龍建。村西南二里有劉氏始祖海之墓，係明永樂時自泗州盱〔一〕眙初遷者。北行三里曰三神堂，有進福舊里社壇，今不知其處。西爲梁神堂，多梁姓。中曰張神堂，張大武故里，墓在村北。舊有神清閣，蒙古練真子王志淵隱居處。又有韃靼冢，舊志云『在神堂高阜，有石棺外露，相傳元人，今不可考』。村南有張家淀，久淤。東北一里曰劉神堂，是爲東路之北界。

孤莊頭東南八里曰大步村，舊曰大姑，爲宋時歸信八寨之一，明太監王安故里也。村有天齊廟，即安所建，公立初等小學在其内。有明國寺、海潮庵，皆明時建。有蒼耳淀，久淤。村人王氏世多顯宦。又東行六里，過橋曰南莊子，庚子之亂，是村死人尤衆。北二里曰張各莊。舊有慶豐里社壇，今圮。莊舊有義倉，二十六年毁於兵燹，延燒民房數百間。村有李殿楓者，性好施予，人受賜者多匾其門，是年亦全燼焉。初等小學在關帝廟内。由此而西二里曰西張各莊，分三町，曰高家町、王家町、張家町，此町多係旗户。稍北曰韓家町，今止一二户，合之南莊子。是爲張岡六町。張各莊西北八里爲大、小河各莊，順治年渾河南決，徑此村東南行，故名。西曰小河各莊，莊之西南及西北皆新城縣境。東里許爲大河各莊，村多古廟，有清凉寺，寺有三浮圖，相傳明時建。村北一里舊有界碑，今圮。又東北行三里餘爲趙各莊。東里餘爲邢各莊，村東三里舊有界碑，久圮。莊有白絲淀，久淤。又東里餘曰蘇家町，係明時太學生蘇承業故里。圈占役起，蘇氏挈家遠避，其墓尚在町南，牌碣亦皆埋没。町有潘姓，係旗户，約五六家。蘇家町與新城縣程各莊里閈相接，有兩屬合立初等小學，在程各莊關帝廟。町東有六郎堤，與霸州爲界。

〔一〕盱，原文訛作『旴』字，今正。

由蘇家町折而南行八里曰張家莊。又折而東行八里曰開口村，一名豐樂村，居民多董姓，自元、明迄國初多貴顯。有董憲周者精柔術，至今村人多善拳勇。村中有旗民三十餘户。村外有百子廟，近爲蒙學。又有三義廟，爲義學故地。其南里許曰董家莊，是村有鉅鬚、菱角、李家、光淀、菰蔣、小淀，皆久淤。村中十字街舊有界牌，以東界保定縣、北界霸州。

由開口南行五里曰劉家鋪，村中有自米家務來之廢河，分東、西二町。又東南三里曰洪城村，古曰紅城，爲宋代八寨之一，有進賢舊里社壇。村中有興隆寺，院落甚大，産業亦饒。其村北有地藏寺，明太監王姓、李姓等所建。東南五里曰茅兒灣，爲東路極東界。西二里曰馬務頭村。明洪武時設馬務頭河泊所，河泊一員，天順間裁。國初有武進士曰李學文，曾與水賊戰，村賴以全。有公立初等小學在關帝廟。西五里曰葛各莊，多郭姓、楊姓。公立初等小學在村西藥王廟。西三里曰胡各莊，莊跨蘆僧河，中有橋以通南北。自洪城村至此，皆蘆僧河北岸村也。

胡各莊西南三里過通天橋，橋跨蘆僧河上。河南有村曰道務村。北有溝，白溝河故道也，康熙二十六年自大陰村東大王口南下，轉徑龍〔一〕灣、道務二村之南，趨史各莊。楊氏世爲村著姓。公立初等小學在三官廟、在真武廟。由此東南八里至大清河北岸，岸有村曰楊家場。沿岸東行，有小村曰下河門，跨河而居。東里許曰王家場。又東行五里曰任家場。三場者，爲各該姓之田莊，内積柴草，外多植柳，故望之蔚然深秀，宛如一大村落。又沿岸東北行至茅兒灣，有渡船，明時之神機營淀。此爲本境東鄉之極東南界。

道務村西南三里曰龍灣村。大清河西南來，蜿蜒如龍，故名。龎斗樞先生故里也。村南有南陽橋，久圮，今有渡船。村民繁庶，爲東路第一大村，袁、張二家世爲著姓。有公立初等小學在舊佛堂。

龍灣之西北二里有村曰狄夏頭。昔宋真宗景德中，使曹利用與契丹定和議於狄夏臺，即此。今分東、西二村，距約

〔一〕龍，原文脱此字，今補。

里許。狄夏頭之西南一里有村曰袁家園，村依大清河北岸，居民多業種蔬，以河水暖，宜灌園故也。袁家園西北五里曰崔村，爲王文岳故里，墓在村東北三里。

由袁家園渡河而南，有小村五。一在東南，距大清河南岸四里，曰王家房，村北有南老堤，舊有涵洞，宣泄大陰村積潦之水入淀。在西北者曰趙町，有普慶庵。稍東曰劉町，有玄帝廟，公立初等小學在焉，又有大悲庵。稍南曰姚町，有三官廟。再南曰梅町，有李家庵，庵有晾經臺。合之王家房，是爲大陰五町。

——右，東路，共四十二村。

城南十里有村曰十里鋪，爲致福屯地，舊名郝家莊。公立初等小學在高公振罔故宅。北有吕祖廟，金大定間建，俗傳吕仙觀蓮於此，今『吕廟烟波』爲本境八景之一。南二里有燕南趙北坊，跨疊道上，有李文忠公題『燕南趙北碧漢層虹』字。再南曰易昜橋。橋南路東有雄縣、任邱縣分界碑。碑之北有龍神廟。西南行，有孫家莊、王家莊、季家莊，三莊皆水鄉，人多業漁、養鴨，間種稻藍瓜蔬等物。北距南老堤一里，堤所以壅西淀之水者也，南臨蓮花淀，風景殊佳，『蓮浦晴游』爲本境八景之一，騷人詞客多有題咏。又有窩羅淀。

由十里鋪沿南老堤東行，過淤清河，東北行，凡十里至藥王廟，旁有居民數家。有泥狗廟。北隔淤清河曰牛角窪，以形如牛角，故名。窪之東北爲老河口，即清河入白溝河之口。其東爲大港淀，淀與老河口今皆淤。又東過大港淤引河，彌望平原，間有積水，所謂白草窪是也。內有柴火淀，今已淤平。其北爲靳家場。南八里爲趙王河北岸。

由西南而東北，背堤而居者凡六村：曰沙窩村，居民業漁。東有金沙寺，寺有鐘鼓樓，今皆圮，惟存瓦礫。東里許曰陳家村，東連宗家莊。二村陳姓、宗姓者居多，村即以姓名者也。居民多編柳制器，獲利甚厚，惜柳條多自固安購運，未能自植耳。東數武曰任家莊，任氏爲著姓，原係正紅旗，今入漢籍。東北里許曰小王村。東有百尺寺，寺有香椿，其味甚美，同時著名全境，今則惟存瓦礫而已。東半里曰後台子，户口零落，勢將圮廢。又東北四里餘曰羊家莊。此六村者皆依河、環白草窪而居，土田肥美，而居民寥落者，以清河及大港引河向多水患也。今則二河已淤，白草窪亦成沃壤，富庶之象可立待矣。

趙王河南岸即千里堤，堤爲康熙三十七年王新命築，由西南而東北，行本境凡三十餘里。堤上多村落，其最西者曰温家莊。西北四里有龍潭，五龍宮在其上，爲任邱、雄縣之界。潭之四圍，蒹葭鬱茂，中有泉水，深不可測，大旱不竭。西一里舊有界牌，與任邱縣苟各莊分界，今遺址猶在。南連小龍華村，庚子之亂，民舍半多燒毁。東半里曰店子村。西有都土地廟，村民多崇信，俗傳其神爲韓昌黎云。東半里曰白家莊，户僅二三，在昔亦巨里也。東連大龍華鎮，每旬有四集。有公立初等小學在村西劉真君廟。福順舊里社壇在焉，今久廢。村北有蓮花池，今淤。鎮東半里曰賈家村。村東有果木園，風景可供游賞。東連張家村。於民歲晚，多製爆竹火藥，南銷山東北部，頗食其利。東有金林寺。東曰果子園。又東曰興隆、依河二莊，亦名南任家莊。又東曰娘娘宮，村有娘娘廟，故名。公立初等小學在廟内。東北曰付家村。又東連張家店，止三户。東半里曰何家村，分爲二，曰大何家村、小何家村。又東北一里曰朱家村。又東北一里曰北斗村，村形曲折如北斗，故名，有回人十餘户。漁業公司在其北。又東北數武曰回回營，共四十二户，皆係回民，多以皮硝熟各種獸皮，間有牧羊及耕作者。有禮拜寺。東隔渟水即下村，水中蓮葭鬱茂，宛然可觀。元殷伯宗即此村人。村内回人雜居十餘户，屢起争端。在昔居舍齊整，因拳亂反覆，燒毁無筭。又東北二里爲大、小郭莊。南有舊郭家淀、陳家淀。又東北二里曰口上村。有舊張家淀，有青草淀。又東北半里曰王村，明忠臣王喬楝即由此遷居城内。又東北即秦、韓、張三莊，東去千里堤約二里。秦各莊有朱氏私立初等小學在焉。有馬淀、塘淀，今淤。西爲張各莊。再西爲韓各莊。西北一里依堤之村曰河頭村。村有舊河，今淤。又東北三里曰史各莊鎮，是爲南鄉之極東北境。鎮北一里舊有界牌，東北界保定縣境。鎮内有橋跨趙王河上。河爲赴津之航路，交通便利，貨物輻凑，每旬有四、九二集。有百福寺，元至正時建。公立初等小學在張氏宅内。其南有村曰小河南，以在舊趙王河南也。由此而東，有南北之長堤，北起趙王河南岸，南達留鎮，是曰周奎堰。周奎者，明戚畹，文安人，當明季時，文安數罹水患，奎築之以防五觀諸淀之水者。

史各莊南行過周奎堰，凡二里至榆林口，居民散布，凡七町。沿堰南行十二里，其東有村曰烹耳灣。村東三里舊有界牌，與文安分界。南一里曰大王東。其西南一里曰徐家屯。又西南一里曰小王東。又南二里有村二，曰大、小齊觀，北大齊觀，南小齊觀。村南舊有界牌。又有吴安淀、長兒淀，久淤。又南三里曰大留鎮，地當周奎堰之南端。留鎮向分五町，此爲大留鎮，舊有賓興里社壇。村北三里舊有界牌。鎮每旬有五、十兩日集。劉氏世爲本鎮著姓，即昌允之裔，由縣城移此。有五町公立初等小學在娘娘廟内。其東南半里爲花木廠村。村向爲文安治，西一里舊有界牌，與霍留鎮分界，不知何時始隸縣治。又西南爲韓留鎮。有古寺曰崇興，唐憲宗元年建，明代重修，氣象雄壯，爲本境最古之寺。又南爲趙留鎮。又南爲崔李村。東一里爲大李村，是爲本境南鄉之極東南界。東一里舊有界牌，與文安分界，南與任邱分界，西距縣城八十里。崔李村西六里曰彩家務。又西二里曰孟家莊，多孟姓，相傳爲亞聖之裔。莊之西南即任邱境。北三里曰石橋村，村居五官淀之中。淀方三十里，下連任邱，東連蒲淀，今淤。居民多吕姓。有耶穌教十餘户；有崇奉天地君親師者百餘户，俗號天地門。又東北六里曰小務村，多田姓。

——右，南鄉，共五十八村。

由縣治南行過瓦濟橋，西南行二里有村曰徐家莊。西南一里曰馬家莊。東南五里曰南馬莊，是爲西鄉之東南界。由此西北三里曰常家莊，爲舊殷富屯地。又西北半里曰董家莊。舊有董家淀，今淤。又西南二里曰馬蹄灣。西北曰黄灣村。有灤秀寺，明代重修，公立初等小學在其内。村西南有堤曰南老堤，康熙二十二年總河王新命築，用以壅西淀之水者。又舊有黄灣河，南易水支流也，東北徑大雄山入白溝河，今淤。黄灣北四里曰西樓村，共七町：曰艾、常町；曰楊、趙町；曰紅寺西樓，以寺之壁赤，故名，公立初等小學在内；曰韓家町；曰鄧家町，多奉天主教。西樓有李家淀、黄淀，今皆久淤。西南三里曰南、北辛立莊，張甘棠即南辛莊人。又其西八里曰李郎村，爲舊定安屯地，居民多奉天主教。村南有石臼淀，今淤。有舊涵洞一座。又西五里爲留通村，分東、西二町。其北有留通淀，久淤。又有涵洞一座，宜泄積潦之水入燒車淀。有留通寺，成化五年建。村有燒鍋，用高粱釀酒。

西樓北三里曰西槐村。村有橋跨西槐引河上。二百四十户，旗、漢、回各占三分之一。其東北曰東槐村，有舊義和社壇。西樓之西二里爲三小王村，有豐樂舊社壇。東北曰李小王。東南曰仇小王，公立初等小學在仇宅。西北曰高小王。村東有關帝廟。又西北二里曰平王村，有舊利人社壇，東、西、中三町。中町有興國寺，公立初等小學在焉。有馬家淀，久淤。平王之西三里餘曰郭村，村人多用柳條編爲笸籮、簸箕，銷行本境。西北曰羊定村。又西北曰沙窩村。沙窩南五里曰大河村。村人多何姓，明御史何思之後也。是村多種棉花，間有紫棉花，織爲紫花布，頗稱精美。其南二里曰東西里村，分二町。村北有觀音寺，明成化元年建，崇禎十四年太監謝文舉重修，神像係堅木，雕刻精美；光緒二十七年，其正殿爲教民燒毁。村南有增福神祠，肇建於唐，監造於尉遲氏，明代重修。村西一里舊有界牌，南界安州境。北五里曰孫村，分東、西二町。中有觀音寺，元至正五年建，明天順間重修，光緒三十一年又經村人修葺。寺有古槐，中心空裂，而枝葉獨茂。東南二里餘曰崔家莊，距大河半里，稍偏〔一〕東北。村又西二里餘曰羅河村，村形如船。村西有舊稻蓮坑。村南二里餘有由縣赴容城之大路，俗名橋道口。舊有河及堤，由此繞出王路村西，俗所謂牤牛河堤者是也。村中有舜廟。東有觀音廟。村民多販買糧米者。村西一里有界牌，與容城縣胡村分界，是爲西鄉之極西界，距縣三十里。羅河村北曰王路村，分前、後二町。村西一里舊有界牌。東北四里曰劉村，多蕭姓。又東爲劉合莊。西南曰北陽村。有鎮海寺，唐時建，明成化間重修。宋牧民御史故里也，東、西二町。南曰南陽村。有天仙宫，俗名大閣，共八十一間，爲本境第一大工，庚子以後爲教民所毁，村中教民之房屋及新安所修之天主堂，皆此宫材料。村中有天主堂，村南有關帝廟，村北有觀音廟，皆爲教民所毁。教民有村户三分之一。村南有楊關城故址，相傳楊延昭鎮三關築。

〔一〕偏，通「徧」。

南陽東三里曰先王村，分爲二：西曰大先王村，有燒鍋釀酒；東曰小先王。南三里曰昝村，相傳公孫瓚築京於此，訛『瓚』爲『昝』耳。先王西北四里曰張家莊，爲西鄉極北境。東南爲趙村鎮，有舊太平社壇。東倚大清河，前、後街各有集市。有堯舜廟。河之對岸有道口村。嘉慶六年，河决趙村，南街冲刷無存，村人李楫、李樹等二十四家共買徐姓田二十四畝，於此立村。有東北、西南二斜街，村民鱗次而居，名魚鱗街。村東爲由縣赴京之道口，故以名村。是爲西鄉之極東北界〔一〕。趙村南三里曰古縣村，爲燕故邑，漢因置易縣，故址猶存。村南爲易水故道，相傳燕太子丹送荆軻於易水上即此。又舊有義倉，今廢。又東南曰莊頭村，分三町：曰魏莊頭，曰李莊頭，曰半壁莊頭。相傳袁宗儒故里即此。再南曰菜園村。有八蜡廟，縣官歲時致祭。又南曰小辛立莊，其附近多名人古墓。

——右，西路，共五十村。

城北一里曰東侯留村。有都土地廟，舊碑云：『世宗駕幸雄州，土地迎謁道左。世宗問：「何人？」曰：「臣侯留里土地，上至，敢不迎謁。」世宗詔錫以冕服，勅州長爲立廟。元中統中，里人張士杰重修。亞聖五十三代孫孟之縉撰文如是。』村東有明侯觀、侯瓚墓，又有明田莊墓。北一里曰小屯。西一里曰西侯留村。東北五里路左，樹林掩映，籬落回環，有小村焉，曰曹龍鋪，止一姓，係某年自河西營村遷居此者。又東北八里曰望駕台。村中有橋。村北有梁公祠，昔梁公玉筌捐地若干畝，助是村辦公之費，村人德之，立祠。再北即蘆僧河，河有橋，爲南北往來之通路。公立初等小學在三義廟。西一里爲梁家場，係大營梁氏田莊，咸豐元年立。外磚牆高丈餘，上有雉堞，外有壕，宛如城池，爲庚子年所立。四圍森林鬱茂。其西曰蘇家莊，係望駕台居民移此者。再西爲徐家墳，係南關旗籍四川分巡建昌道翰林院庶吉士徐公大椿祖塋，今有墳户數家散處。望駕台北三里曰許家莊。又北三里曰東照村，有舊人和社壇。村多古廟：西爲定慧

〔一〕界，原文此字後衍『爲西鄉之極東北界』數字，今删。

寺，有鸚哥殿，唐時建，宋、元迄明皆有重修；南有觀音堂，北嚮，明正德間重修；東爲地藏寺，明嘉靖間重修；北爲五嶽廟，公立初等小學在焉。村有回民雜居共十三户。東照西北五里曰文家營，居民多文姓。其南爲中營村。東有大寺，寺前有石佛立像，明弘治十七年立，同治九年重修。又北半里爲打水店，居民十二户。村北有大寺，寺西有浮圖一。又西北一里爲大營鎮。鎮有一、六日市，附近鄉人以爲買賣穀蔬之所。村多周姓、梁姓，梁姓多係旗户。同、光間有梁玉笙者，性好施予，鄉人受惠，往往植碑頌德，稱善人家。又此村多古廟。鎮北有小崔營，村多楊姓，亦係旗户。村東有天齊廟，有石象廟。舊志云『元時有石象夜出害苗，鄉人祝之，爲立廟』，語殊荒誕。又西三里曰東王槐村。又西一里爲西王槐村，村爲蘆僧河東岸，舊有木橋跨河上，今圮。

大營南二里曰付家營。村多古廟，中有真武廟，有碑磨滅。又南二里曰皮家營，多劉姓，係旗户。東有藥王廟。東南三里曰河西營，分三牌：西曰杜家牌，中曰劉家牌，東半里曰田家牌。東有閻王廟。此等村落多以『營』名，想昔時多爲屯軍之地。容城劉静修《登保定大慈閣》詩云『里號帶軍營』，雄之北鄉亦頗相類。河西營南三里曰胡家臺，在蘆僧河南，舊作任家臺，爲禮義屯地。此村任、胡二姓居其大半。西有古佛及關帝廟，中有菩薩與文昌廟。村東有三官廟，基址頗廣，前有碑云『崇禎十年立』。村南一里有梁家坟，多植柏樹，望之蔚然深秀。河西營西南三里曰陳家台，地勢平下，每有水患。河西營西七里曰淶河村，分南、北二町。北有保安寺、關帝廟、義倉，南有慶圓寺、閻王廟。慶元寺在蘆僧河西，地當驛路之側，寺舊有塔，故俗呼塔寺，明天順五年重修。

王槐西北中隔河一里曰小謝村。蘆僧河由西北來，至此入本境。西一里曰大謝村。村南有古大寺。又西二里曰東羊村。有觀音寺，至正十年建。村北有蠶姑廟。又西爲西羊村，是爲北鄉之極西北界。村北二里舊有界牌，距縣城三十里。東南八里曰高莊村。村有大寺。又東南三里曰朱各莊。西北四里曰西柳村，爲舊輯睦屯地。有大寺，今圮。明應州學正、祀鄉賢韓竑故里，韓姓當明代世多貴顯。又西三里曰大鋪，亦曰韓家鋪。大清河北來，至此入本境。南一里曰馬家莊。又南五里曰田家莊。有大寺。先王、蘇姓舊居此村。又東南八里曰王克橋。白溝河昔日由此分爲二：一東出，奔胡各莊，入茅兒灣，村北三里舊有橋，今名大橋口，即張叔夜死節處，文文山至此有吊古詩，文山祠在河東岸，今圮；一南流，即今河。其東一里曰王黑營村。有橋跨王克橋引河上。

——右，北路，共三十四村。

四路，共一百八十四村。

山第十一

大雄山，一名望山，在城西南二里，高二三丈，廣可數畝。

按：大雄山，宋真宗景德初，安撫使李允則積土外羅城隅，以備水患者也。蓋其時有黄灣河自西南來，至此東流入瓦濟河，故築土爲山，以捍其冲潄。至金熙宗皇統二年，昭武節度使徒單公構亭其上，曰『望山亭』，以其眺望西山而名。後四十餘年，昭勇節度使完顏公更爲修補，易亭名曰『均樂』。前明邑乘猶云『突出群表，遥望燕山，俯視諸淀，若牛涔蝸角，帶束星羅，頂上廣闊，容數百武，有亭有林』，今則亭榭無存，不過邱隴間一培塿，時有荒烟蔓草而已。

小雄山，在城東南一里，瓦濟河北岸，上有五龍宫。西下爲雄文閣，祀文昌，明天啓甲子年建，壯麗高聳，多名人游覽，匾額楹聯，書題殆遍。

按：小雄山，相傳爲宋時禦契丹所築土壘。舊志稱其『後倚城堞』，亦指外羅城而言。獨《廣輿記》云『山多奇石，罅有泉，甘而洌』，未免誇誕。後不知何時於其上建五龍宫，而小雄山遂爲臺墀所掩。姚羹湖曰『雄水鄉斥鹵，非惟無山，亦且無石，不知當日之所爲山者何取也』，又曰『前賢勛業，霄壤同懸，紙上巖巒，倍深仰止，正不必爲雄山辨矣』。

水第十二

大清河一名白溝河，即古拒馬河也，由縣西北三十五里大鋪村入本境，東南流，由城西折而東，徑瓦濟橋下，東南流至龍灣村東南，會於清河，是爲清河門，故土俗因別有小清河，遂稱此爲大清河。又東徑孫家嘴與大港引河合。又東徑茅兒灣，折而東北，十二里至張青口，入順天府保定縣界。共行縣境七十餘里，爲天津至白溝鎮之通路。

按：拒馬河本名淶水，有二源，一出廣昌縣城西南半里淶山鎮海寺，一出城東一里泰山廟古塔下。二源合而東北流，入易州境，又東北流，入淶水縣境。東南流，至鐵鎖崖。東、南分爲二支，南支東南流，徑淶水縣城東，又折而西南，入保定府定興縣西北境十里之吴村，東南流，徑定興縣城西，折而南，又東南，徑河陽渡，易州之沙河即北易水、白澗河即中易水合流入之，名北河，下流通稱拒馬河。又南徑西靳村，由淶水入新城之馬村河自北來入之。又東南徑談城村東南，入新城縣西南境。又東南徑劉家莊，入容城縣北境。又東南徑王家營橋，東入白溝河。

白溝河上游即拒馬河之分支，亦名琉璃河，由鐵鎖崖東南，東流入順天府房山縣西南境十度村，東南流，入涿州境，又東南流，至城西北隅，東流，徑浮落村，與源出房山、流徑良鄉之琉璃河合，以下琉璃、拒馬并稱。又南徑順天府固安縣西境，南流入新城縣東北境，西流，又折而南，徑平景、新橋、十九垈等村。有蘆僧引河，今廢。又西南徑十里鋪，新城西北之紫泉河來入之。又南徑魏家莊西，新城西之斗門河自西北來入之。又東南徑白溝鎮，名白溝河。入容城縣境，拒馬河南支自西南來匯。東南五里徑新蓋房，又二里至大鋪，是爲大清河入本境之始。

拒馬河自大鋪東南流七里至趙村東。又三里至古縣村東。又六里至王克橋西。又十里徑西關永通橋今圮南，折而東流，徑南關瓦濟橋下。又東一里至雄文閣南。又東南流□〔一〕里至袁家園南。四里至龍灣村南。又東南一里至清河門爲清河故道，今淤。又東□里徑孫家嘴，與故大港引河會清河分支，今淤。又東□里徑茅兒灣——舊爲神機營淀，折而東北，出本境。十□里至順天保定縣城西，趙王河自東南來入之，環城而北，名玉帶河。又東北由文安至天津入於海。

府河合諸水，由安州東之四股河，東北流入本縣南十里之蓮花淀。又東徑河間府任邱縣趙北口鎮，沿千里堤東南流，徑距城四十里之温家莊北，由趙王河故道入本境。東北行四十里，至西距縣城四十里之史各莊，穿村而東，北入保定縣，合大清河，又東北徑文安，至天津入海。

府河即古沈水，源出滿城縣東之一畝泉。與雞距泉會而東南流，入清苑縣西北境。行十七里至府城西南，滿城縣之白草溝、方順河北支水自西來入之。又東徑吴家灣橋，分二支：南支出積水閘，東南行至城南天水橋；北支出小石閘，至城濠爲護城河。會源出易州經行滿城、安肅之徐溝水，西流入之。又東二十三里徑糧河橋西，滿城縣之金線河、方順河北支自西南來入之。又東北至臧家灣，入安州界。源出望都縣之陽城河合諸水，西南來會之古名博水。又東北流，唐河會土尾河北流注之。又東北流至李家莊，漕河西北來會之。又東徑安州城北，是爲依城河。

依城河東北流，徑雜淀，舊分爲二：其一北流，爲長流河，源出易州之雹河即南易水東南流會之，東徑郭里口，復合於依城河；其一東流至趙家莊，復合於長流河，是爲四股河，即徐、曹、方順、一畝、雹、唐之委匯，而高陽猪龍河上承沙源出山西繁峙縣白坡頭、滋源出山西靈邱縣枚回嶺、孟良出定州曲陽縣等河入白洋淀，由端村東而北流來會。又東北入本境之蓮花淀，下達河間府任邱縣趙北口南太平橋下，東南流入趙王河。

〔一〕□，原文缺一字或數字，下同。

趙王河即古藏糧河，自任邱縣淀河分流，東行至苟各莊西，折而北流入本境，今上游久淤。同治十二年，清河道葉伯英因清河門及大港引河多淤塞，乃自趙北口十二連橋迤西燒香淀起，穿連橋，至大港淀東南，順千里堤壕平地開挖，折而南，至苟各莊以下，至温家莊，距城四十里入本境之趙王河，又三十里至史各莊，距城四十里，爲省赴津之航路，可行大船。

附：舊河及淀

按：雄縣俗稱九河下哨。《方輿紀要》『九河者，徐、曹、一畝、方順、滋、沙、滱、鴉兒、易水』。而《燕山叢談》又以徐、曹、雹、平、一畝、方順、滋、沙、唐爲九河，其不同者，僅平水與鴉兒。然鴉兒舊自滹沱分流入滱，今滹沱已徙，鴉兒故道已淤，則客水不可以備數矣。又，平水次於雹水，當即萍河，亦小水，不足以當之。且拒馬爲巨流，而《紀要》《叢談》皆不及此，豈足爲定論乎！今則除客水不計外，凡故河道之可見者，皆歸之舊河，以備考古者之觀覽。

王克橋河爲白溝河分支，由王克橋北東南流，徑望駕臺南、小步村東，至胡各莊石橋下，又東流入茅兒灣。嘉靖乙丑，保定知府嚴清、通判李一鶚移而順之，并入經流，乾隆十年復開。今則河道已淤，堤岸久平矣。

雄河即護城河。白溝河流至城北侯留村，分支東行，繞城而南，入瓦濟河。明天順間淤塞，知縣王夢賢浚之。今久淤。

渾河故道在城東北河岡村，順治十年自固安西南潰決，徑新城縣東南境，入本境東北，爲患垂二十年，康熙十一年始由固安東移霸州去。

南莊子河在城東二十二里。淶水東支之拒馬河納紫泉、斗門諸水南下，自米家務、昝岡、里合莊等村，至張岡入本境，徑南莊子橋下，東南流徑葛各莊東南，入茅兒灣。康熙三十年，自新城南十里鋪決而西徙，始入白溝河。

蘆僧河起新城縣東南十九垈，自拒馬河引出，西南流，徑北留村，折而東南，徑泗莊，會高橋引河，合而東南流，徑蘆僧村，名蘆僧河，至小謝村，距城三十里入本境，徑胡各莊、洪城，入保定縣境下黄亭，直接中亭河，不復使入茅兒灣矣。今已廢。

西槐河在城河西八里。大清河徑古縣南分支，西南出，徑西槐村，名西槐河，西南流入留通淀，長十四里。今廢。

清河上承西淀諸水，由清河口村出任邱縣境，東北入本境，距城十五里徑藥王廟、老河口，入〔一〕大清河。今廢。

大港引河在清河南一里。清河分支南出，入大港淀，徑邢家溝下游，入本境，東北徑孫家嘴，入大清河。乾隆十年浚，今淤。

舊趙王河即古藏糧河，自任邱縣淀河分流，東行至苟各莊東，入本境，折而北流，東岸沿千里長堤屈曲行五里，至娘娘宫村東，又東北五里徑下村東，又五里徑彭兒灣東，又北五里至王村東，又北八里至史各莊，串村而東，又北五里入保定縣境。

唐〔二〕水在縣南，南北袤二十里，東西廣五十里，東至西榆林村即榆林口，西至郭里口，南至龍華村，北至大渦寨即大渥村，屬安州。宋淳化四年，引進使何承矩〔三〕奏請自雄州東至海築堤閼水，淤屯田。朝廷命承矩充河北制置屯田使，積水三百里，歲溉田數百頃，有莞蒲蜃蛤之饒。

蓮花淀在城西南十里，十里鋪西，方三十里，西接燒車、白洋等淀，爲新安、高陽諸水之總匯，而以趙王河爲尾閭。舊多蓮花，故名。今則衆水奔注，深碧三篙，非復昔時風景矣。

神機營淀在城東四十里茅兒灣附近。茅兒灣者，上接柴禾淀，下通玉帶河，爲諸水經流之要口。《明史·徐貞明

〔一〕入，原文訛作「在」字，今正。
〔二〕唐，原文訛作「塘」字，今正。
〔三〕矩，原文訛作「距」字，今據下文改。

傳》：『順天真定、河間諸郡，桑麻之區，半爲沮洳，上流十五河之水，惟泄於茅兒一灣。』正謂此也。舊志云：『方百餘里，水至則江海天成，水落則洲渚星見，神機之營在焉。』按，此亦兼衆淀而言。前明之神機營在其北。蓋自大清河夾岸築堤以來，而附近諸淀悉涸，是淀久爲大清河中洪矣。

按：雄於宋、元、明猶爲澤國，故舊志所載四境淀泊，東九、東南十二、南一、西南三、西七、東北八，皆有名，星羅棋布，鮮隙地焉。蓋自宋何承矩築堤閼塘水，其後大清河又夾岸築堤，除蓮花淀外，餘悉變爲桑田，無從問津矣。分載各鄉，以資考古，茲不備録云。

道路第十三

自縣治起，出南城，東行至城隅，有路，分二支。一支東北行，十里至小步村。又二里爲王克橋淤河。又三里爲蘆僧廢河，舊有石橋，今圮。又三里至孤莊頭村。出村半里，入新城縣界。又七里至砦各莊，又分二支：一支北行，達固安縣，至北京；一支東北行，達霸州，至天津。一支東行，十里至袁家園。又十里至胡各莊橋，渡蘆僧河。又十三里經洪城村。又五里至茅兒灣。一東行，至保定縣界；一東南行，渡大清河，經史各莊以達文安縣。

自縣治起，出東城缺口，東行三里至亞谷城西。横過赴孤莊頭村道，又七里過崔村。又五里過大步村。東北行七里入新城縣境，過里合莊橋，至雙堂鎮，與由孤莊頭村東北行之道合。光緒庚子、辛丑間，德國駐軍縣城，屢派村民修築，以爲由津赴省之路。

自縣治起，過七省通衢坊，出城南行，過瓦濟橋，出雄關，由萬柳堤至十里鋪南一里，過燕南趙北坊，至易昜橋南，入任邱境。

按〔一〕：萬柳堤今名疊道，蓋關南地多沮洳，舊有土堤，以便行旅。明正德十二年大水堤潰，途者數爲舟子所苦。嘉靖時知縣易鴻重修，遍植柳樹，以固堤岸，故名。厥後屢有修築。光緒二十年，邑紳王鴻賓由蠶桑局領桑秧數萬株，分植兩側，然以無人護惜，存者僅什二三耳。

自縣治起，出南城，過瓦濟橋，由糧市口折而西，過大雄山，迤西分二支：一支西行，八里過西槐廢河，又一里至李郎村，又五里至留通村，西入安州界，以達省垣，此爲由本境入省之大道；一支西北行，八里過西槐廢河，又四里至

〔一〕 原文脱此字，今據補。

小王村，又十八里至東西里，西三里至容城縣胡村，西北達容城縣。

自縣治起，北行出西城易易門，北行二里過侯留[一]村，又八里過王黑營橋，西北行五里過道口村，又五里過大鋪，出本境，又十里過白溝鎮，由新城、涿州以達北京，此爲由本境入京之西大道。

自縣治起，北行出東城永定門，過東關，折而東北，二里至侯留村，東又十三里經望駕台橋，過蘆僧廢河，又北行五里過許家莊，又三里過東照村，出本境，經孔家馬頭、曲溝等村，至固安縣，渡渾河而達北京。此爲由本境入京之東大道。

附：舊遞鋪俱有亭舍墩臺及鋪兵，今廢

南十里鋪，在郝家莊，達任邱。

北十里鋪，在王克橋，達新城。

西十五里鋪，在羊定，達容城。

東南三十里鋪，在郭莊，達文安。

[一] 侯留，原文訛作『候留』字，今正。下同。

物産第十四

古者格致之學未精，故舊志之録物産也，於動、植、礦物之界説，均少發明，而製造産之略，又何待言！加以泥古之弊，故所録者往往偏於考據，而莫能得其實在之狀況。茲即本境之普通物産彙爲一編，凡舊志可存者，節録之以資考古，而去其荒誕無稽之談；舊志所不及者，間亦附以新義，聊以備數而已。至於斟酌古今，成一家言，可以躋於科學之列，則以俟博物之君子。

馬，家畜中之最普通者也，土人用以耕田、駕車。其善走者可騎以行，名走馬。然不恒育駒，多自北口外販來者。

牛，力大、性馴，土人用以耕田、駕車。每牝牛一頭，二三歲可得一犢，下户多畜之；然土著回民每竊殺之，以供肉食者之用。

驢，臚也。臚，腹前也。驢力在臚，性儉嗇，易豢養，又能耐苦，凡一切耕田、駕車、轉磨、負載諸役，靡不爲也，且價廉甚，下户多畜之。牡者善鳴，俗呼叫驢；牝者名草驢，間歲可生駒。

騾，性不能孕，父驢而母馬。其易豢養也勝於馬，而多力、善走遠過於驢，是以價值甚昂，富人争畜之，以相誇炫。

犬，分二種：一家犬，有戀家之性，善守，生長最易；一田犬，善獵，然不多有。又一種巴狗，大如猫，間有畜之以爲玩具者。

羊，性善群，故於文『羊』爲『群』。土著回教人多畜之，以供肉食者之用，至初冬踐放麥田，頗爲民害，今則稍稍禁止矣。

猪，肉美多脂。土人多圈而豢之，以供肉食，每歲生子三次，每次得六七頭；然亦有不用圈養者，名『跑葫蘆』，田圃并受其害。

猫，善捕鼠。鼠害田而猫捕之，故字從『苗』。其眼簾按時舒縮，人多視其睛之變形以定時——子午卯酉如線，寅申巳亥如盤，辰戌丑未如棗核，然不甚確也。牡曰郎猫，牝曰女猫。郎猫好外出，不若女猫之善守；然女猫生子後，往往自吞噬之，是亦殘忍之獸也以上家獸。

鼠，種類甚多，性好疑，出穴多不果，故持兩端者謂之『首鼠』。

鼹鼠，好穴地食地中蟲，俗名『地排子』。前爪甚利，以爲穴土之用。以行地中不用目，故眼甚小。

鼬鼠，一名黄鼠狼。形如狐，性最活潑，好食小鳥、小獸，每夜入人家竊食雞鴿。遇刺蝟則溺之，蝟畏臊，反腹受噬。鼬亦狡矣。

蝟，狀似鼠，毛如針立。世傳虎飢欲食，見蝟而伏。鵲所在，蝟必反腹受其啄，其遇鼬鼠亦然。

狐，孤也，性多疑，不能合群，故曰『孤』。獵者多取其皮以爲裘，以不傳熱故也，然不常有。國初，本縣額解狐皮十九張，皆買自京師，康熙年始永遠免解。

兔，舐雄毫而孕，五月吐子。出王充《論衡》。

土豹，大如犬，便捷如猫，形亦如之，作黎黑色，深夜入人家，竊食雞鴨。

蝙蝠，亦哺乳類，日伏夜飛，好食蚊蚋，廟宇空房多有之，栖則倒挂以上野獸。

雞，稽也，能考時也，人家多畜以産卵。牝者俗呼草雞，雄者爲公雞。又有九斤黄者，體大色黄。

鴨，舒鳧也，鳧能高飛，而鴨舒緩不飛，故名。其鳴『呷呷』，如呼其名。沿河、沿淀諸村畜以産卵，鹽漬而食之。其孵化之法，以牛糞漚而出之，以雞孵亦可。

鵝，一名舒雁，長脰，善鳴，養之園林，則蛇遠徙。夜鳴應更鼓，又聞聲即鳴，可以守夜。行有班列，故聘禮用之。

水鴨，即鳧也，水鄉多有之。一種小者爲刀鴨。

燕，有二種：紅襟、聲大者，越燕；班襟、聲小者，北燕。春社來，秋社去，月令『二月元鳥至』，即此。色黑，故有『烏衣』之稱。

鴿，性喜合，故從『合』，成群而飛，土人多於檐下置筐以栖之。凡鳥雄乘雌，惟鴿雌乘雄，逐月有子。

鵲，能制蝟，鳴木上，蝟伏不能動。季冬始巢，知來歲風多，巢必卑下。俗呼喜鵲，謂鵲先物而動，先事而應，能與人報喜。人多用以占驗。以今考之，殊不盡然，蓋迷信之入人深也。

烏，亦名鴉，其名自呼。小而項白者性慈，即慈烏也；大而喙長者性惡，即黑烏也，俗謂『鵲報喜，烏報憂』，蓋惡之也。又一種白項烏，寒露節至，來食麥種，稱麥鴉。

鶉，雄者足高，雌者足短。古稱田鼠化爲鶉，又云鰕蟆得瓜化爲鶉，殊不足信。

布穀，即鳲鳩，播穀時鳴。其名甚多，因其聲之似而呼之，如俗稱『光棍多鋤』『阿公阿婆，割麥插禾』『脱却布褲』之類，皆有關於民事者，故古以名官。

雀，依人小鳥也，巢於檐瓦之下。老而斑者爲麻雀。

啄木，鴷也，口如長錐，常鑿木食蟲，三距立於木而不墜。《本草》云：『此鳥善爲禁法，能曲爪畫地爲印，則穴之塞自開，開輒以翼毀之，不令人見。其肉治小兒積塊。』有大如鵲、青黑色、頭上有紅毛者，爲山啄木。

鷺，色雪白，小不逾大，飛有次序，欲取魚則餌之。頂上有毛十數莖，長寸餘，毵毵然如絲。土人以火槍弋之，拔其毛，赴天津洋行售之，約每毛一兩值銀四五兩。

鶯，俗呼黄雀，即《詩》之『倉庚』，善鳴，以三月及八九月來。土人設法捕之，畜以籠，飼以核桃蘇子，鳴聲清脆可喜以上鳥類。

鯉，脊旁鱗三十有六，有小黑點如十字文理，故名。鯉有赤、白、黄三種，在河者色白，在淀者色黄黑。

鯽，一名鮒，好旅行，故從『即』從『付』。食之能健脾。

魴，一名鯿，少力，細鱗。其廣方，其厚扁，故一曰魴，一曰鯿。

鮎，一名鰋。背青而大口，無鱗。褪其皮以爲羹，肉甚美。

鱒，眼赤，頭小而身圓，長似鯶而鱗細。好獨行，故從『尊』。

鯶，身圓長，肉厚，俗呼厚魚。

鱧，一名鱯，俗呼黑魚，身圓而紋黑。頭背北嚮南，夜則必朝北斗，故又名七星魚。切忌與荊花同食，食則必死。其膽可入藥，故人多割其膽而後鬻於市。其肉切片宜炒食。

鱔，似蛇，無鱗，有青、黃二種，體有涎沫，夏月於淺水作窟。

鰱，鱮也。鰱、鱮、鱅三物，皆鯉子所成，以不得雄鯉之氣，故不成鯉，黃者鰱、白者鱮、黑者鱅，皆好旅行，故字從『連』、從『與』、從『庸』。

鱖，巨口細鱗，黃質黑章，俗呼記花魚。

黃鯝魚，腮紅脊黃，大者四五寸，小者二三寸，無甚大者。

鱴魟，無鱗，色緑，肥大者色黃，額上腮三大刺，群游，作聲『軋軋』然。

鰍，喜游淺水中，水涸則伏於泥中，不出亦不死，故曰泥鰍，蓋兩栖類也。

石鰱魚，形似鰍而小，長不過二寸，無鱗，其皮微黃、淡緑〔一〕二色相間，骨軟如無。其味肥甘，然不常有。如六、七月間西山多雨，山水漲發，有魚隨水而下，曰石母，相傳乃山蛆所化，長三四寸，味不甚佳；至雄生子，曰石鰱，好逆水上行。土人每於津梁溪渚間用長柄小回兜綱之，間有搬罾綱以取之者。北至白溝河而盡，再北絶無矣。

黃頰，色白，又名白魚。口細而長，又稱猴魚。力大解飛，能於水中觸人，當者辟易。性暴烈，出水立死。大者重

〔一〕緑，原文脱此字，今據民国十八年《雄縣新志·物産篇》補。

百十餘斤以上鱗屬。

鰕，河、淀皆有之，生於河者色白，煮之淡紅；生於淀者色青，煮之深紅。春初生子，散在淺水中，名苗鰕。曝乾，春去皮，爲鰕米。至謂蝗化爲鰕，或云稻花變成，皆無稽之談也。

蟹，無腸，而有二螯、八足，皆横行，殻堅而脆。字從『解』者，以隨潮解甲也。大者如杯；小如錢者，以酒糟腌之，味尤佳。

螺，旋甲。本境産者大如棗栗，殻亦薄脆。

蚌，長甲。老蚌産珠，生於江海；本境所産乃小蛤，非蚌也。

蛤，甲圓而厚。外有縱横即蚶也。凡蛤之屬閉口，聞雷鳴則不復閉。

鱉，水居陸生，無耳，以目聽，形圓脊穹，四周有裙。隨日光所轉，朝首東嚮，夕首西嚮。其行蹩蹩，故謂之鱉。切忌莧合食，食則肉反生，飲馬尿則化爲水以上介屬。

鼉，有大小、白烏、斑色之异。皆自卵出；間亦有胎生者，與母同老。

蜂，有土蜂、馬蜂、牛虻蜂之别。又蜜蜂，人收而養之，取蜜。北方地燥，多在土中，故多土蜜。蜂尾并鋒，故謂之蜂。

蟋蟀，一名蛩，即促織。當授衣之先，鳴以紡織。

螳螂，深秋乳子，至夏初乃生。其子曰螵蛸。

蜘蛛，有數種。《字林》云：『設一面之綱，物觸而後誅之，知乎誅，義者，故曰蜘蛛。』

蜻蜓，俗名『馬郎』，有青、赤、黄三種。六足四翼，翅薄如蟬，取蚊虻食之。赤者遇雨則多，好集水上款飛。

蟬，有數種，蜩螗、寒蟬，并蟬也，蜣螂所化，其殼蜕可入藥。鳴則天凉，故謂之寒蟬，俗所云〔一〕「伏天弗凉」者也。其大者，土人呼麻吉了。

螢，一名夜光。《月令》注云「腐草得暑濕之氣化爲螢」，未知確否。梁元帝詩：「著人疑不熱，集草訝無烟。到來燈下暗，翻向雨中然。」

蜨，一名蝴蝶，有大小、黄白、斑文之别。《搜神記》謂「朽麥化爲蝴蝶」，疑與「腐草爲螢」同一附會。

絡緯，一名莎雞，俗呼「唧螞蜡」，緑色，秋凉時以兩股擊翼而鳴。

蝘蜓，俗呼「蝎虎」。在草澤者，蠑螈、蜥蜴；在壁者，蝘蜓、守官。一物而四名，亦兩棲類也。

蛙，一名螻蟈，又曰田雞，色青，長股善躍；鰕蟆，大腹短脚。皆兩栖類。

蟻，蚍蜉也，有二種：小者色黑，善鬥；大者色黄，俗名馬蟻。

蠅，有數種，青蠅善亂色，蒼蠅善亂聲。好交其前足，有絞繩之象，故「繩」字從「蠅」。《埤雅》：「蠅生於灰，如值水溺死，以置灰中，須臾即活。」

蚊者，打拳蛆所化。俗説鶘鳥常吐蚊，故曰「蚊母」，今以博物學證之，其謬甚矣。長吻如針，能刺入毛孔而吸其血。然畏烟，以艾葉熏之則伏。「蚊」本作「𧍙」，從「昬」從「蟲」，以昬時乃出也。

蚓，一名曲蟺。善長吟於地中，故有「蚓笛」之目。又名土龍。

蛸，生糞土中，食草木根，口剛，身軟白。在糞土名蠐螬，在木中爲蛸。

蝎，蠆也，土人呼蠆爲蝎。又有火蝎，甚小，而其毒更酷以上蟲類。

——右，動物。

〔一〕云，原文脱此字，今補。

黍，有黃、白二種。白者粘，可爲酒，然其米皆黃，俗稱『黃米』；黃者俗名『糜子』，不粘。『黍』之爲言『暑』也，小滿種，處暑熟，晚種者亦能早熟，俗云『早黍晚麥，不收莫怪』。種宜高地。

稷，北人直名爲『穀』，脱殼則謂之小米，北人日用不可缺者。古與黍并重，然黍早而稷晚，黍大而稷小，黍穗散而稷穗聚，黍米粘而稷米不粘。又名爲『粟』。其色有朱、白、黃、黑各種。春種秋熟，然有一種五六月種而秋分熟者，俗名『六十日還倉』，旱歲多種之。

蜀秫，俗呼『高粱』，紅、白二種。紅者稍短，早熟，能釀酒；白者亦有白殼、黑殼之殊，高一丈。然亦有粘者，色微黃，俗呼『粘高粱』。以種來自蜀，故稱『蜀秫』。

蘆粟，似蜀秫，俗呼『甘蔗』。含糖甚多，惜土人不知製造，但供咀嚼而已。其米亦可食。

玉蜀秫，一名玉米，以曾經進御，故名。俗名『棒子』，以結實如棒也。有黃、白、紅、紫數色，本境黃者多，白者次之，紅、紫者少。又名『玉米』。

麥，有紅、白二種。白〔一〕者皮薄而粒〔二〕小；紅者養料最多，食之健脾。雄多水患，有『一水一麥』之謡。刈麥後不種晚禾者謂『留麥地』，秋種夏熟；地有積水，至春始種者爲春麥，不若秋種者佳。

大麥，亦有春種、秋種之别。秋種者，殼與粒粘附，必碾而脱之，俗呼『秋子』。春種者，有芒大麥、米大麥二種。芒大麥與秋子同；米大麥熟，米自脱。而米大麥之穗又有六棱、四棱之别，六棱者秆勁，不易仆折，可於隴中種烟草。

稻，宜下地，有早、晚二種，沿淀各村多種之。平地種者，俗呼旱『稻粳子』。

䅟子，荒陂處種之，穗似穀而分數歧，殼厚，米小，可煮粥。

稗，草之似穀者。水生者名稻稗，似稻而粒小；旱稗生下濕地，可備荒。

〔一〕白，原文訛作『麥』字，今正。
〔二〕粒，原文訛作『力』字，今正。

稂，一名童粱，俗呼『落稆秫』，如蜀秫而粒小，實熟則落。凡種蜀秫之地，其遺種至明歲則爲稂。

莠，似穀之草，俗呼『穀莠』。凡地連歲種穀，其莠必多，蓋穀之遺種所化以上單子葉類。

黃豆，有大、小二種，大者早，小者晚。可食，可醬，可豉，可油，可腐，油滓可糞地。葉名藿，嫩時可爲茹，俗呼『豆芽菜』。

黑豆，有二種，大者早，小者晚。其用與黃豆同，而苗稍高，莖葉蔓延，色青帶黑。炒之曰料豆，土人用以飼馬。

青豆，色青，其用與黃豆同。

茶豆，形如黃豆而色紅，其用與黃豆同。

以上四種，總名大豆，即戎菽也。

菉豆，色綠，性凉，圓小者佳。四五月種，蔓延而生。秋開小黃花，莢長二三寸。八九月熟，作粉及湯餌尤佳。大者名毛菉。

赤豆，夏至後種，九月熟。小者入藥，大者可麵食。亦有白者、斑者。

豌豆，似菉豆，大而圓。立春種，芒種時熟。苗柔弱宛然，故名。花如蝴蝶，淡紅可愛。

豇豆，亦有紅、白二種。紅白斑文，蔓延而生。嫩時充菜，老則收子。

藊豆，亦有白、黑二種，好蔓生，多依籬種，否則須架而生。春種，至秋始結莢，所謂『籬豆花開蟋蟀鳴』是也。

菜豆，有紫、白、青三種，莢肥大，宜爲蔬。

蠶豆，豆之最大者，以油炸食最佳。

脂麻，富於脂油，土人用以磨油，味最香。以張騫自西域得來，故曰胡麻，俗訛作『芝麻』。有黑、白二種：白者花白；黑者花淡紅，脂油亦富。

蕎麥，莖紅而花白，實作尖錐形，俗呼『棱子』。伏天種，秋深始熟，熟畏風搖。可作煎餅，配蒜食；或作湯餅，謂之『河漏』以上雙子葉穀類。

芥，味辛烈，菜中之介然者。根如蔓菁；其花黄，作十字形；子紫，研末泡過爲芥醬。

蔓菁，一名蕪菁，一名葑。根似蘿蔔，葉與花俱似芥。根尤甘美，鄉人多蓄之以御冬。有黄、白二種，間有紫皮者。

芸薹，俗名『小菜』，子可作油，又名『油菜』。根如蔓菁，莀而多鬚，味尤甘美，葉與花俱相似。

白菜，古謂『葵』，晋以來謂之『菘』。『秋末晚菘』，即白菜也。味淡而美，消食下氣，止熱避瘴。最宜合薑食，以薑能制其冷氣也。其花受蔓菁之花粉，則變爲『箭幹白菜』，纖維多而味減，如粱之有稂、穀之有莠、稻之有稗也。白菜美在葉，蔓菁美在根，與芥及芸薹皆十字科也。

蘿蔔，一名萊菔，言來牟之所服也，食之能解麥毒。有長、圓二種，長者又有青、白之别，圓者其皮紅。然亦有一種紅者，長而細，春種，宜生食。又有脆蘿蔔者，分青、紫二種，夏種，冬日納土窖，至春生食，味尤甘脆。蘿蔔花亦作十字形，然紫白而不黄。

青菜，根赤，葉緑，以出西域頗陵國，又名菠菜。東坡詩云：『北方苦寒今未已，雪底菠陵如鐵甲。』蓋歷冬長青。秋種冬食，至春則味減矣。

胡蘿蔔，有紅、黄二種。根之皮肉皆作紅黄色，含糖甚多，味甘，西人以蘿蔔作糖，即此。鄉人但供生食，或腌爲菹而已。

芫荽，葉細而根多鬚，綏綏然也。味香，能和五味，又名香菜。酒泡熱氣能解痘疹。

甘露，根白似蓮珠，葉似澤蘭。其根腌爲菹，脆美。

萵苣，俗傳出倭國。出河南、山東者，莖粗根肥，稱萵笋。本境所産者，莖細笋瘦，獨葉可食。斵之，有白汁流出。其葉有有缺刻及無缺刻之别。

荼，一名苦菜，俗名曲曲菜。葉有白汁，似萵苣，味苦，食之能降火清痰。

藕，芙蕖之根。凡芙蕖行根，如竹行鞭，有節，即地下莖。節生一葉一花，花葉常偶，故謂之『藕』。

蘑菇，即菌也。《雍正通志》云：『木生者如芝，草生者如蓋，土生者如丁。』《莊子》云：『蒸成菌。』以今考之，大抵植物腐爛，經濕氣、熱度而生者也。土人總呼爲『蘑菇』。

茴香，土人名『小茴香』，形、味似蒿而弱小，莖、葉可食，與舶上來者异。子尤香烈，能療寒疾。

茄子，一名落蘇，有大小長圓、黑白紅紫之别。生食性寒滑。鐵釜炒食則變黑，以含炭酸多，鐵遇之而生銹也。有一種水茄子，形長，味甘，宜生食。

瓠，形長而味甘，一名匏瓜，似黄瓜而肥壯澤潤，最宜與肉烹食。匏之短柄大腹者曰『壺』，即今之葫蘆。壺之細腹者爲蒲蘆，俗名『腰葫蘆』，有大、小二種。又有長柄大腹者，名『油葫蘆』，用以澄油。其小而無柄扁圓者，但供玩具而已。

王瓜，俗名『黄瓜』，瓜之首見者，故曰『王瓜』。生食尤脆，熟食能解新麥之毒。有春、秋二種，春種〔一〕者實大；秋種者實小而繁，味尤鮮。

北瓜，一名倭瓜，以來自倭國，故名。其種最多。又有自哈密來者，名哈密瓜，味稍膻。二者皆不宜生食。

南瓜，有黄、白二種，圓、長二形。

東瓜，皮作淡緑色，經霜後有臘質浮起，白如粉。耐寒，又名冬瓜。

西瓜，有長、圓二種，又有大子、小子之别。大子者，子多而味劣，種之爲取子計；小子者，作長圓形，其瓤有紅、黄、白之别，味極甘美。

菜瓜，有大小、長圓各種，又有黑黄青白斑文之别。老熟者味甘；嫩者脆，可腌爲菹。

〔一〕種，原文訛作『秋』字，今正。

苦瓜，即甜瓜，生則苦而熟則甘，種類甚多。士人多種之，夏日鬻之，用以消渴。苦者可作菹。

絲瓜，架而垂生，長至尺餘。可熟食，不可生食。嫩者味美，老者多纖維。

秦椒，味辛，以産秦地，故名。有長、圓各種，圓者大如柹，俗名『柹椒』。

韭，一種而久，因名之『韭』。韭之美在黄，黄乃未出土者。鄉人栽韭於畦，冬月植葦箔於北，以障寒風，培馬糞畦內，則色黄嫩，味甚美。

葱，有大、小二種，本白末青。大者每本重一斤餘；小者味尤辛烈，能和五味，故古名『菜伯』。

蒜，有紅皮、白皮二種。紅者瓣短而粗，早種早熟；白者反此。

菱，淀中多有之，殼有刺，如二角，俗名『菱角』。其米可食。

芡，生淀中，一名雞頭。葉大如荷；實之外殼多刺，内有米，圓白如珠。八月間熟，可采食。

山藥，一名薯蕷。唐代宗名預，改爲薯藥；宋英宗名曙，改爲山藥。又名山芋。有紅、白二種，種宜沙地。一莖蔓延數十莖，節節生根，根下結塊，形圓而長，本末皆鋭。肉黄皮紫，質理膩潤，含澱粉甚多，生食、熟食皆可。曬乾磨粉，作餅造粉。將山藥用布拭去皮，和水磨細，入水中淘去浮渣，澄細粉曬乾，與米、穀粉無异。其葉尤可喂猪、羊以上蔬類。

桃，爲春花之木，有夏熟、秋熟二種。本境多秋熟者，俗呼『剛子桃』，以不知移接之法，故結實不盛，而味亦不佳。

杏，亦春花之木。本境間有之，亦點綴園景而已，不中食。

梨，有數種。縣東南境史各莊有種者，然亦不盛。

棗，有大小、甘酸數種，大者俗稱『朴棗』，不如小者味甘。又有甘汁最多以供生食者，名『菱棗』，亦有長、圓二種，西北二鄉多種之。春采芽，可入茶。其酸棗，實小核圓，古名爲棘，其仁可入藥。

石榴，張騫使西域，得安石國榴種以歸。亦有新羅國來者，名『海榴』。有甘、酸二種。其花或紅或白。亦有花而不實者，名『月季石榴』。

無花果，爲隱花植物，實生葉間，無核，生有白汁，熟則味甘。《本草》云『能開胃、止瀉痢』。

蒲萄，出大宛，張騫使西域，得種以歸。又有馬乳形蒲萄，唐太宗破高昌國得之，種苑中。本境有青、紫二種。性宜濕地，東南鄉沿河一帶多種之。

花椒，其花微小，亦隱花植物，四月結子，八月熟。焙熟可煮飲食。

椿，有二種：香者芽可充蔬，名『香椿』；臭者名『樗』。本境多有之。

槐，性堅緻，中爲車材，其花可染黃。城内多種之。

榆，白枌也。未生葉時，枝條間先生榆莢，似錢而小，俗呼『榆錢』，可食。葉亦可備荒。皮尤粘滑，曬乾研末，可雜秫米面作河漏。

楊，白者葉大而圓，青者葉長。北方材木多楊、槐、榆、柳，故人多種之。

柳，柔脆易生，縱横顛倒，植之皆生。

桑椹，有黑、白二種，白者味佳。本境多黑椹。

又有楮，一名穀桑。雄者皮斑，葉無缺刻，開花成穗，不結實；雌者開花結實，皮白，葉有缺刻。

杜，亦梨類，但結實小耳。根可接梨，其木可任剞劂以上果類。

玉簪，叢生，葉如羹匙，好生陰濕處。其花白，長細如古之簪。未開時裝鉛粉在内，以線縛口，經歲尚香。

鳳仙花，開時頭翅羽足俱翹然如鳳，實熟皮裂，自彈散其種子。《花史》云：『有李玉英者，采鳳仙花染指甲，於月中調弦，或比之落花流水。』是以土人又有『指甲草』之稱。

黄葵花，大如盤。常傾向日，不令照其根，故有『衛足』之稱。

雞冠花，昂立如雄雞之冠，故名。有黃、紫二種。或云即玉樹後庭花。最耐久，霜後始蔫。

菊，名類甚多，當以黃爲正色。花可以入藥。又有茶菊，花小而多，可代茶飲，味香烈。

江西臘，似菊而小，先菊而開。花有各色，碧藍一種，菊所未有。

夾竹桃，花五瓣，長筒，瓣微尖，淡紅類桃花，葉狹長類竹，故名。自春及秋，旋相繼開。

丁香，有紫、白二色，三月放花，葩萼相附，氣甚香烈。可以入藥。

月季，有紅、白及淡紅三種，又名『月月紅』。蘇轍詩：『開花不遺月。』

茉莉，有草本、木本之別。本境多草茉莉，一名『粉豆花』，謂其子黑而中有粉也。花最香，蒸取其液，可代薔薇露。木本者用以熏茶。

罌粟，《花史》以爲即虞美人花。按，今鴉片膏之花名罌粟。

蓼花，水鄉花也，高數尺，俗呼『水葒花』。

雁來紅，純紅者名老少年，紅紫黃緑相間者名錦西風。至深秋，脚深紫而頂葉嬌紅。

迎春，一名金腰帶，春前無葉而花，黃色。

長春，一名金盞，花、葉俱似迎〔一〕春，花晚而較久。

扁竹，即仙人掌，又名射千。又有龍舌掌、仙人掌等類，皆針葉植物也以上花屬。

車前子，即《詩》之『芣苢』，葉如玉簪，子可入藥。土人呼爲牛耳朵科。

艾，陳者佳，醫家用灸百病。又有野艾，葉細而長，莖如蒲柳。

兔絲子，蔓連草上，黃赤如金。一名『女蘿』。

〔一〕迎，原文訛作『長』字，今正。

蒲公英，俗名『白鼓丁』。

益母，莖方，葉如艾，皆輪生，寸許一節，節間開紫白花，根白，味甘，微辛，氣温，和血行氣，有助陰之功。《詩》『中穀有蓷』，即此。

旋覆花，一名金錢，俗名『轉枝蓮』，蔓生，色淡紅可愛。

紫蘇，『蘇』從『穌』，音酥，舒暢也，行氣和血。葉青紫色，味辛，不可同鯉魚食，生毒瘡。治跌撲損傷，用紫蘇搗敷。

薄荷，味辛，性凉。其葉搗爛〔一〕，可塗頭風。

枸杞，一名枸棘。木有刺如棘，莖如杞，故兼名之。子熟而紅，俗呼『紅琉璃』。其根最長，俗呼『地骨皮』。

茵陳，葉似青蒿而緊細，背白。經冬不死，更因舊苗而生，故名。

地黄，其花内紫而外白，未開花時如燈籠。根黄赤色，搗爛敷瘡腫。

地膚子，一名千頭草，即今之掃帚也，子可入藥。子落後束之，以供灑掃庭院及場圃之用以上藥屬。

蘆葦，一名葭，其花蓬蘙。其笋羅生下濕處。長丈許，節圓中空，剖之可織席，土人用以爲屋蓋，或則斷鋪於磚牆以壓鹹，小者可織簾。

荻，似葦而小，節扁圓而中實，可以編簾。河陂多種之。

菰蔣，似蒲，葉肥大而鬆。莖深緑色，可飼馬。葉可編席鋪屋頂，又可爲扇及包，以包果餌，俗呼『蒲扇』、『蒲包』，實非蒲也。

蒲，葉細而光澤，可爲席、扇及包。根初生白脆可食，名蒲笋。又一種圓蒲，葉如葱，俗呼『水葱』。

〔一〕爛，原文訛作『瀾』字，今正。

藜，灰料草也，一名堿蓬科，燒灰可以熬堿。有青、紫二種：青者葉作棍棒狀，俗呼『棒棒菜』，其葉可以染纁；紫者葉似艾，可爲羹，以備荒，長成可以爲杖，所謂『杖藜』是也。

馬蘭，生道旁，似蘭而大，色藍，無香，開紫白花，葉可捆烟葉。

苜蓿，張騫得自西域，可以飼馬，人亦可食。

蓖麻子，俗呼『大麻』。節圓中空，葉有缺刻甚深，如楓葉形。服蓖麻，一生不得食炒豆，犯之必脹悶而死。治難産及胎衣不下，取粒七枚，去殼研膏，塗脚心；如兒及衣下，便速洗去，不爾腸出，即以此膏塗頂心，則腸自入。其子可熬油燃燈，近因煤油興，而種者少矣。

莎，即臺，一名夫須。其葉長尺餘，可爲笠及雨衣，疏而不沾。

藻，即萻，一名牛藻，水草之有文者，出於水下。其字從『澡』，言自潔如澡也。蓮花淀多有之。有柳葉、馬尾、刺藻等名，以其形有不同也。

莧，俗呼『馬齒菜』，赤莖，甚脆，耐旱，去根曝之，日久不死。不可同鱉食。

烟葉，春種，夏花，秋日取葉曬乾，燃火吸其烟，故名。性凉，能去瘴，解諸藥之毒。本境自康熙年始種之，地斥鹵，遂大宜，城内種者味尤迅烈。

苘麻，麻之别種。春種，夏開黄花。至結子時，拔而漚之池，十日餘取出，剥其皮，可供繩索、錢串之用。

棉花，高二三尺，葉有三尖。花黄色，亦有紫者。結實如桃，熟則皮自裂，中綻三瓣，瓣有核六七枚，核多則綿厚。以鐵杖碾其子，取棉，以小竹弓彈之，卷爲筒，就車紡之，自然抽緒，織以爲布以上草屬。

——右，植物。

硝，有二種。一火硝，由植物腐爛於地而生，鄉人掃之，和以草灰，實釜中熬之，淋以缸，傾瓦盆內〔一〕，冷則成塊，可作火藥。鍋底有鹽，爲細小結晶形，色白，味澀，名『小鹽』。一皮硝，其熬法與火硝同，可爲熟皮之用。碱，西鄉近淀各村，地爲淀水所托，至冬天氣乾燥，則浮於地面，白如雪，土人掃而淋之，則成紅碱，可爲染色之用，如曹達〔二〕，能不褪色，但未能提煉潔白以供食用。

——右，礦物。

熟皮，下村回回營回人多采皮硝，以熟牛、羊、騾、馬、驢及犬等皮。

蠶絲，舊志云『絲絹雖不匀净，而堅致耐久』，今則久不見矣，惟蠶絲尚有，亦其細已甚，不足於用。

布，蔡公近設工藝局於圓通閣，購日本木機及洋紗織布，土人則仍用笨機。然白〔三〕洋布暢銷，而本境之布業蓋久已無色矣。

錢串，東南鄉婦女多於農隙取苘麻搓之，除供本境之用外，兼能銷行外境。近來盛行銅圓，恐不久亦將歇業矣。

錫器白鐵壺，本境工匠購錫及煤油筒，打造水壺，足供本境之用。

爆竹，出東南鄉張家村及東北鄉河各莊。造法：用銅管貯火藥，纏紙捲之成桶，抽出銅管，藥留於內，上置引火線，以麻線縛其首，下以泥塞之，使不漏泄。然其火線，則訇然有聲如炮，俗呼『紙炮』。

首飾，由工匠取銀和銅，打造簪、珥、鐲、釧、戒指之類，各鎮皆有之。

靛，有大、小藍兩種，采其葉，取水漬之，加石灰打成爲靛。十里鋪多有之。

醬，有黄、黑二種，黄者爲麥所造，黑者爲豆所造，祇供本境之用。

〔一〕內，原文訛作『口』字，今正。
〔二〕曹達，碳酸氫鈉的日語略稱，俗稱『小蘇打』，可用以染色。
〔三〕白，原文訛作『自』字，今正。

醋，用高粱及高粱帽所造。

酒，有二種：一黄酒，黍子所造，味甘無力，即古之醴酒；一燒酒，高粱所造，味辛而烈，然爲數有限，不足於用。鄉人多以高粱售之容城境内，載酒以歸。

油，脂麻油能和味；棉子及蓖麻油可點鐙，俱名燈油。近因煤油盛行，多已歇業，惟芸薹菜籽油爲婦人飾髮用，尚有製者。

豆腐，用黄豆和水磨成細粉，點之以滷而成。以板壓去水氣，則成薄片，細切成條，名豆腐絲，可以爲肴。

茶，野生之一種，俗呼茶葉科，花紫白色，葉有白汁。土人采其葉蒸熟，售之茶商，雜以香花，即與真茶無异。西鄉人多采之。

餳，俗呼爲糖，用大麥芽及黍米造之，色白而粘，味甘。至冬，小兒携籃賣之。有外沾脂麻、灌以砂糖餡者，名『脂麻糖』。

糖餡，土人以荻莖串山梨紅，蘸以餳糖賣之。

乾粉，以緑豆及高粱之小粉和水成粥，傾於瓢，瓢底有孔，漏於沸湯中，隨即成條，取出曬乾，即成。可佐飯菜之用。

澱粉，用高粱小粉置水中，淘去浮渣，澄細粉，曬乾，可以調羹，俗呼『團粉』。菉豆造者尤佳。

磚瓦，用土先製成坯，及乾，入窑内，燒六七日，俟冷取出，以爲造屋築牆之用。本境磚窑約三十餘處，間有瓦窑及瓦盆窑。

——右，製造産。

馬之驌曰：『每覽雄志至物産，未嘗不撫卷傷懷而長太息也。雄境爲百川所趨，湫隘污萊之壤耳，其稍稍平亢者，僅十之二三，久已入屯牧，所餘者何足名田！伏秋之間，半爲潴澤，半爲沮洳，連歲無登，蔬蓏與之俱耗。其在人事，則樵蘇遍林藪，果實因之以虧；彈射所加，色舉者逝，花畦藥圃，茂草鞠之。今之爲物産者，非昔之爲物産者也。栽培晌溉，尚其急哉！」

商務第十五

商務之盛衰，視乎商埠之多寡。本境除南關及史各莊鎮外，惟東南鄉之留鎮尚稱繁庶，餘則南鄉之龍華、北鄉之大營及西北鄉之趙村三鎮，然亦僅一販鬻穀蔬之市場而已，其當行、銀行之富商大賈，舉無有也。欲合全境百數十村，皆賴此區區者以通有無，足乎？不足乎？是以東南鄉則分赴文安縣及任邱之鄚州鎮交易，東北鄉則赴新城之咎岡鎮，西北鄉則赴白溝鎮交易，以致出境之貨與入境之貨，皆汗漫無紀，即稅則亦無可清釐。故非區域劃然，將孰從而調查之？茲略志梗概，以俟來者。

猪肉，銷行本境。不足之數，有由文安、容城等處販入以供宰割者。其毛則由水路運銷天津。

羊肉，銷行本境。不足之數，有本境回人從易州一帶販入本境。

雞及雞子，每月有肩販運銷〔一〕北京，或由大清河船行運銷天津。

鴨及鴨子，有肩販運銷北京及天津，而鴨子間亦銷行本境，鴨毛銷天津。

魚類，向有北京及天津客商在城南十里鋪漁業公司收買。其佳品由魚商募人從陸路挑至北京，或由趙王河船行運銷天津；下品則銷行本境。

鰕，或生賣，或加鹽煮熟，均銷行本境。間有由任邱之趙北口鎮運銷本境者。

穀類，銷行本境，或亦銷行於鄰境水旱偏灾之區。

〔一〕銷，原文訛作『鎖』字，今正。

高粱，除農家自用外，多運至白溝、容城等處，以供釀酒之用。

麥粉，多由人力車運銷北京，或由大車運至白溝河裝船，水行百餘里至黄土坡，由駱駝馱運北京，或由船運至天津。間亦有由車運至省城銷售者。

烟葉，銷行本境，間有肩販運至鄰境霸州、永清一帶銷售者。

苘葉、芝麻葉和烟葉揉碎，售之霸州、永清一帶，又有由河運至天津者。

野茶，土人蒸曬，售之淶水縣茶店，或由水路售之天津茶商。

绵花，銷行本境，并有市自容城境者。

蔬類，行銷本境，有由大清河運銷天津者。

棗，銷行本境。

土藥，銷行本境，亦間有販運鄰境售賣者。

火硝，本境有督硝公司二分局收買，一在南關，一在史各莊，運赴天津，歲約百十萬斤以上天然産物。

蠟燭，銷行本境，間有由陸運銷行北京與鄰境集鎮者。

土布及工藝局布，銷行本境。

油果，銷行本境。

錢串，由陸路運至北京、省城及張家口等處，或由水路運至天津。

香油，銷行本境，有由人力車運銷北京并天津者。

醋，銷行本境。

酒，銷行本境，兼有自容城販入者。

蘆粟，俗呼甘蔗，銷行本境，以供咀嚼。

笸籮、簸箕，由史各莊、郭村作坊銷行本境，并運銷文安。惟柳條則購之白溝、固安等處。

爆竹，銷行本境，或運銷山東北境。

餳糖，銷行本境。

乾粉，銷行本境。不足之數，由文安縣與任邱之梁召鎮運入本境。

磚瓦，銷行本境。合境磚瓦窑三十餘處以上製造品。

——右，本境貨物之銷行本境及外境者。

馬，自北口外蒙古地由陸路販入本境，在城裏及史各莊、留鎮售賣。

牛，每歲由山東一帶運至城裏及史各莊、留鎮售賣。

羊，每歲由易州一帶運至本境銷售。

綢緞，自任丘縣鄚州鎮及新城縣白溝鎮運至各廟會銷售。

洋布，自天津由大清河運入本境，在四鄉銷行。

洋紗，自天津運入本境，在四鄉銷行。

煤油，自天津運入，在四鄉銷行。

茶糖及雜貨，自天津運入本境，在各村鎮行銷。

茶葉，自白溝鎮零售於本境。

煤及石灰，自房山縣境及白溝鎮由水、陸兩路運入，行銷。

木炭，自易州由人力車運入，行銷。

桃、杏、梨、柿之果品，自西北山由陸路運入、行銷。

鹽，自長蘆由大清河運入本境，在各鎮每歲銷行二千五百引。

葦席，自安州運入本境，在各鎮銷行。

藥料，由祁州、鄚州、霸州運銷本境。

——右，外境貨物之運銷本境者。